ISOの復権

マネジメントシステム認証制度が
社会的価値を持つために
必要なこと

有賀正彦

ＩＳＯの復権

マネジメントシステム認証制度が
社会的価値を持つために必要なこと

有賀正彦

はじめに

　ひと握りの優れた経営者や管理者は、経営学やマネジメントを体系的に勉強していなくても立派な経営や業務管理をしています。つまり、マネジメントが何であるかを学問的に知らなくても、これまでの経験則の中で感覚的にマネジメントがなんたるかを会得し実践しています。

　ただ、すべてのビジネスマンはこのようなひと握りの優れた経営者達のようにはいきません。そこで組織が社員にできるだけ早くマネジメント能力を身に付けてもらうためには、何かを拠り所として勉強することが近道です。

　1980年代終わりからISOマネジメントシステム規格の認証制度が日本でも始まりました。当初は「品質保証の黒船到来」といわれ、実態として立派な品質管理がなされていた日本企業からは歓迎されませんでした。

　私自身も「日本の製造業は製造工程で品質を作り込む仕組みがあるし、検査体制もしっかりしているから不良品は流出しないのに、なぜマネジメントシステムの信頼性を保証する要求が日本企業にされるのだろう。これはあらたな日本製品を締め出す非関税障壁だ」程度に当時は捉えていました。

　しかし、ISOマネジメントシステムを深く知るようになると「この規格は不良品を流出させないための規格ではなく、顧客が安心感を持つ製品やサービスを生み出すために必要な組織の業務の質を管理する規格なんだ」と気がつきました。

　つまり「ISOマネジメントシステム規格が一部の企業だけのものではなく大衆化されたなら、多くのビジネスマンがISOマネジメントシステム規格を拠り所として『マネジメントとは何か』を

身近に感じ、自主的にそして積極的に組織活動に役立てることができるツール」だと確信しました。また、頭のいい日本人のことだから単なる商取引の条件としてのISO認証取得や維持にとどまらず、認証制度を業務改善として活用するのはもちろんのこと、事業戦略や人材育成など経営ツールや組織の能力証明として利用し、社会的に価値ある制度にすることができるに違いないと考えるようになりました。

　しかし、ISOマネジメントシステムの現状はどうでしょう。
　「既存文書以外にISO用の文書や記録が単に増えただけだ」「手順書と記録作りに追われている」「認証機関に指摘されたことに振り回されて本来の会社の特徴が失われている」「"ISO＝面倒で厄介"と言うアレルギー体質に自社社員が陥っている」など枚挙にいとまのないぐらいISOマネジメントシステムの運用やISO認証制度について否定的な意見がネット検索すればたくさん見つかります。

　ISOマネジメントシステムを導入した組織が「組織運営に真の意味で活かし成果を上げている」と言うことであれば、ISOマネジメントシステム導入組織の価値は社会的に向上しているはずです。そして、組織はマネジメントシステム規格を経営に活かすための正しい知識を持ち、マネジメントシステム規格を活用して仕事の仕組みを体系的に整理し、組織が目指す成果を効率的に導き出す経営管理のツールとしてもっと活用し、社会的にも価値ある制度として認識され、確固たる地位をもっと確立していたでしょう。
　しかし、日本国内において認証組織数は減少気味の横ばい状態にあります。また「発注者の要求により認証というお墨付きを得ること自体が目的のみの組織」や「お墨付きを得るために形式的

なルールを構築・指導すること自体が目的のコンサルタント」「組織の要望を最大限忖度し、お墨付きを形式的に付与することがビジネス的使命と考えている認証機関」はいまだに少なからずあり「ISOマネジメントシステム認証の価値」が停滞しています。

　少し大袈裟に言えば、ISOが本来もつ良さは多くの組織やビジネスマン、社会に理解されず地に落ちてしまいました。本来、ISOマネジメントシステム認証制度が社会で担っているポジションは「社会的価値を持った制度」となることです。他の制度でいえば、英検やTOEICのように民間資格として認知され、大学受験の大学入学共通テストに活用されることです。ISOであれば例えば、証券市場の上場審査や各省庁の認定制度における活用が考えられます。けれども、こうした「能力証明」としての活用は進んでいないのが実態です。

「ISOマネジメントシステムの復権」
　私は、マネジメントシステムを経営ツールとして活用している組織が成功を収めることで、ISOマネジメントシステム規格やISO認証制度の効用が社会的に認知され再評価されるのではないかと考えます。

　本書では「ISOを導入しているけれど……」という「効果的に活用できていない組織事例」を挙げ、なぜそうなったのか原因と対策を考えていきます。そして、ISO認定認証制度に関する誤解や疑問についても思いつくまままとめ、多く関係者の方への議論のたたき台となる材料を提供しています。本書が「ISOの復権」に繋がる一助となれば幸いです。

　2019年7月

有賀正彦

目 次

はじめに……………………………………………………………… 3

第1章：ＩＳＯを効果的に活用していない組織の
　　　　傾向と対策（ＱＭＳ）…………………………… 11

その1　「品質」の範囲が狭いマネジメントシステム
その2　行政手続きのように「形式的」なシステム
その3　マニュアルや手順書が形骸化している
その4　不適合製品や内部監査しか是正処置を実施しない
その5　「ISO要求事項を満たすこと」を目的にしている
その6　役割がマネジメントシステムに位置付けされていない
その7　変更した役割がマネジメントシステムに取り込まれていない
その8　組織特性を考慮したマネジメントシステムになっていない
その9　組織特性を考慮した教育システムになっていない
その10　組織特性を考慮したインフラや業務環境システムになっていない
その11　製造条件設定が経験のみによって決められている
その12　購買管理すべきものが決まっていない
その13　仕事量の管理がされていない
その14　ホワイトカラーのプロセスが監視・評価されていない
その15　間接部門の役割がマネジメントシステムにリンクしていない

第2章：ＩＳＯを効果的に活用していない組織の
　　　　傾向と対策（ＥＭＳ）…………………………… 31

その16　「環境負荷低減＝節約」で業務改善を環境活動と認識していない

その17　環境活動がエネルギーや廃棄物の削減に限定されている

その18　組織特性を考慮した環境マネジメントシステムになっていない

その19　組織が関係する社会的責任が環境影響として考慮されていない

第3章：ＩＳＯを効果的に活用していない組織の傾向と対策（ＭＳ共通） ……………………………… 38

その20　要求事項の本質を理解せず「適合性」を追求している

その21　マネジメントシステムを支える業務環境が整っていない

その22　規定したことが実行されているかどうかのみ確認している

その23　経営者が組織のあるべき姿を明確にしていない

その24　複数のマネジメントシステムの導入方法が効率的でない

その25　ISO事務局のためのマネジメントシステムになっている

その26　従業員をその気にさせる体制や環境が整っていない

その27　経営計画がマネジメントシステムに反映されていない

その28　「問題」＝「改善の種」という認識がない

その29　改善提案制度はあるが形骸化している

その30　カリスマ経営者が退いたあとを想定したシステムになっていない

その31　業務手順書や様式の使用方法がわからない

その32　マネジメントシステムやその実施状況を情報公開していない

その33　ISO規格によって組織が規定した責任権限が限定されている

その34　無理に認証を維持している
その35　ロゴマークの使用方法を認証機関に確認していない
その36　是正処置が顕在化した不適合発生部署だけになっている
その37　成功している要因の評価・対策が不十分
その38　認証取得活動が停滞している
その39　顧客や利害関係者とのコミュニケーションが効果的でない
その40　サーベイランス審査を単にクリアするだけになっている
その41　原因が「理解不足」ばかりでシステム改善されていない
その42　小規模組織なのに内部監査手順が複雑
その43　間接部門の業務プロセス改善が停滞している
その44　会社法で定められている「組織設計」が実態に合っていない
その45　認証取得後の活動推進体制が計画されていない
その46　管理職のリーダーシップが発揮されていない
その47　経営者のリーダーシップが発揮されていない

第4章：ＩＳＯ認定認証制度の正しい運用（認証機関）…… 94

その48　認定審査と認証審査の違い
その49　不祥事報道に対するISO認証の取消と一時停止
その50　ISO認証制度：登録範囲の表記と産業分類
その51　ISO認証組織に対する一般からの苦情
その52　公平性について諮問する委員が利害関係者を代表している基準
その53　ISOマネジメントシステムと事業プロセスと統合
その54　ISO認証の移転と受入拒否
その55　「一時的サイトのサンプリング」について

その56 監査のバラツキが許される部分と問題ない部分
その57 食品安全における「改善の機会」禁止の影響
その58 マネジメントシステム認証における申請範囲の適切性
その59 一時的サイトの審査方法について
その60 マネジメントシステム認証の信頼性が高まるサンプリングとは何か
その61 登録範囲の製品及びサービスの表記方法
その62 審査報告書における一時的サイトの記載
その63 設計のアウトソースと適用範囲/認証範囲及びそれを示す証拠
その64 ISO認証の適用範囲の決め方
その65 プロセスアプローチを採用して現状追認型の審査と化した！？
その66 認証機関の申請レビュー
その67 提供する製品/サービスはモノなのかサービスなのか
その68 検査データの書き換え不正は審査で予防できるか

第5章：マネジメントシステムを経営に活かす（組織）… 153

その69 認証審査における説明責任
その70 内部監査結果が有効に活かされない理由
その71 中小企業における環境経営システムの活用
その72 環境経営マネジメントシステムの管理すべき範囲
その73 内部監査において「観察事項」はどう対処するべきか
その74 「決められたことが適切か」という観点での内部監査
その75 内部外部の課題、利害関係者のニーズ・期待、リスクと機会の決定
その76 組織固有の技術的知識

おわりに…………………………………………………… 172

第1章：ＩＳＯを効果的に活用していない組織の傾向と対策（QMS）

その1
「品質」の範囲が狭いマネジメントシステム
【傾向】
　品質マネジメントシステムの「品質」を、製品及びサービスそのものの「質」と捉えて認証取得活動やシステム構築・運用をしているために、活動の中心が設計、製造、施工、サービス提供になり、管理部門を含めた全社的な取り組みが希薄になっている。
【対策】
　「品質」の捉え方を、「顧客に安心されていつまでも受け入れられる製品及びサービスを提供する、成長し続ける組織の質」と考えることが肝要です。
　すなわち、「良い組織の質」とは、
①製品/サービスの質（例、技術力、能力、成果など）
②関連するサービスの質（接遇、折衝能力、設備など）
③提供体制の質（運営能力、社内体制、制度、組織管理能力、支払・請求管理、労務管理など）
④経済性の質（効率性、費用対効果、収益性、原価管理など）
の4つの「質」について顧客の要求、要望、期待を考慮して、組織が目指す「レベル」を設定し、組織内に明確に周知し、それに見合ったシステムを設計し、手順書の運用、教育訓練計画することが重要です。

その2
行政手続きのように「形式的」なシステム
【傾向】

　認証取得が発注者の要求事項になっていて「資格」として必要という理由でISO認証に取り組まざるを得ない組織に多い。

　こうした組織は、認証審査がシステム構築されルール通り機能していることを実証する制度のため、コンサルタントに標準的な品質マニュアルや様式のひな型を作成してもらい、自らは形式的に記録を記載すればよいと考えている。

【対策】

　まずは要求事項を本質的に理解することです。「規格は難しいから」と理解する事をあきらめている組織も多いようですが、日常業務を整理する上で要求事項の理解は不可欠な知識です。

　次に「様式一枚からその使用目的を認識」して、ISO導入で作成した手順や様式と日常業務で実施していることを照らし合わせてダブったルールや様式は統合し、実態を無視したシステムは修正する必要があります。行政手続きは形式的でもいいかもしれませんが、形式的なマネジメントシステムでは組織の文化と各業務の目的を無視することになり、認証の単なる維持はできても、他社と業務の質の差別化は図れません。

その3
マニュアルや手順書が形骸化している
【傾向】

　認証目的は顧客要求だけでなく、組織運営のツールとして導入するつもりが、取得して数年経っても経営に変化がみられないために、経営に活かせるという実感がなくなり継続改善も停滞し、

維持審査のために内部監査やマネジメントレビューもルールに従って単に記録を残すのみの形骸化した活動となっている。

【対策】

　この規格は対象となる「製品・サービス」の範囲を特定し、その範囲に関わる業務活動をマネジメントすることになります。要は対象範囲に関わっている業務とその手順および業務ごとの役割を明確にして、組織が潜在的に対象としている顧客の要求、期待を満足する「業務の質」を管理し、さらなる向上を目指す性質の規格です。

　しかし、多くの組織は、顧客満足を考慮した組織が目指す「業務の質」を監視、測定し、望ましくない状態を抽出する仕組みが効果的に機能していないため「業務改善のネタ」を適切に抽出してのマネジメントシステムの継続的な改善が実施されていません。

　また、マネジメントシステムの継続的な改善により組織の業務効率が仮に上がっていても、外部要因により現在対象とする製品・サービスの範囲では成長性は望めない場合があります。その場合は対象範囲のシステムやプロセスを改善するレベルではなく、事業改革・革新、または対象範囲内での事業を見直して新たな対象範囲を事業戦略として計画する必要があります。

その4
不適合製品や内部監査しか是正処置を実施しない

【傾向】

　「不適合製品」という結果からしか問題点が検出されない。

　不適合の検出を許容する風土が組織になく、その原因も管理上の問題でなく個人の問題に終始しています。

　また、プロセスの監視が機能しておらず、プロセスの監視によ

る是正処置事例が内部監査の不適合以外はほとんどありません。

そのためマネジメントシステムの改善が十分に実施されていません。

【対策】

ISO9001は継続的改善、再発防止、未然防止のシステムとも言われますが、多くの組織が考慮しているのは「製品に直接関わること」が主体です。不適合の定義は「要求事項を満たさないこと」であり、要求事項には顧客要求事項の他にISO9001の要求事項や社内で決めた（明文化されていないものも含む）要求事項、製品規格や法規や義務、顧客のニーズや期待までが「要求事項を満たさないこと」になり得ます。

つまり、組織が目指し管理する「業務の質」を定義して「不適合」を抽出する必要があります。

その5
「ISO要求事項を満たすこと」を目的にしている

【傾向】

認証審査で指摘がないので、品質マネジメントシステムは効率的に出来あがっていると考えている。

また、指摘されなかった部分について、見直しをかけたくても、要求事項の不理解により見直したことで指摘になることを恐れている。

【対策】

認証制度ではシステム自体が評価の対象であって「結果」や「業績」は直接指摘されません。ISO9001を運用した結果としてクレームや社内での不良件数がどれほどであるとか、売り上げが増えたということを評価するのではなく、設計、製造、施工、検査など

QMSの各要素がどのような活動をどのように管理しているかが評価されます。したがって、ISO9001が直接的に要求している通りの仕組みを構築してコンサルタントに指導されてきた通りの方法で管理したとしても、よい結果が導き出されるかどうかは保証の限りではありません。ISO9001を表面的に解釈し、形骸化したシステムを作り運用するならば、製品の品質や業務の質向上に役に立たないばかりか、業務効率を低下させる事にもなります。

その6
役割がマネジメントシステムに位置付けされていない
【傾向】
・役割、責任がマネジメントシステムに位置づけられていない
・品質マニュアルや手順書に位置付けが明確でない仕事が存在している
・仕事の位置づけがマネジメントシステム上、明確でないため「自分の仕事はISOとは無関係」と思っている
・「品質マニュアル」が実態と乖離していてISOへの関心が薄れている

【対策】
　まず、各部門の仕事の役割や責任・権限を書き出します。その時にそれらを「日常の仕事」「定期的な仕事」「イレギュラーな仕事」「突発的に発生した場合に責任や役割が生じる仕事」に区分けしておくと後で整理がしやすいでしょう。複数の部門に同様の役割が現在あるとしたら、本来どちらにその役割があるほうが適切なのか優先順位をつけておきます。

　次にその仕事が「何を目的としてどの仕事に繋がっているか」を書き出します。そしてその仕事がISO9001の要求事項のどの項

目と密接な関係があるのか要求事項に当てはめていきます。

　中にはダイレクトに要求事項にミートしない仕事（例：経理、人事、福利厚生、システム保守、受付、庶務、用度係など）もありますが関連付けていきます。

　一般的に「間接部門」と言われる部門の仕事は製品やサービスを顧客に提供する上で直接的に関係しないので、ISO9001の要求事項でも皮相的には要求事項として出てきません。

　例えば、「経理業務」は顧客への請求、購買先への支払い、従業員への給与支払いとありますが、それぞれ顧客関連のプロセス、購買、業務環境の項に関連します。これらのプロセスは要求事項で直接的に要求していなくても「目的を有した仕事」として存在する以上「価値」があります。

　つまり、プロセスを「目的に見合った価値」にするためには管理された条件のもとで計画され、実行される必要があります。

その7
変更した役割がマネジメントシステムに取り込まれていない
【傾向】

　初版で作成した品質マニュアルは、一部の社員や事務局、コンサルタントを中心に作成したので、ISO導入から数年が経過して当初のシステム構築のコンセプトが理解されていない。

　したがって、マネジメントシステムを構築した当初は含めていなかった役割が事業戦略の変化に対応して変更されていない。

　例えば、以下のようなケースです。

①フランチャイズビジネスや製造、施工の専門業者が自社でサービスや製品を企画したり設計する業務内容に変化している

②顧客に適した製品やサービスを積極的に企画・提案し、ニーズ

を創出する業務内容に変化している
③組織の機能を事業戦略、企画や設計部門および一部の製造またはサービス提供機能のみにし、主な製造機能やサービス提供機能は子会社またはアウトソースにしている

【対策】

　上記ケースで①の場合は、構築当初は「製品やサービスの仕様は定まっている」、つまり会社にそれらの責任はなく、「設計・開発（サービス企画、商品企画）機能は存在しない」と言うコンセプトで仕組みを作っているので、認証範囲が「〇〇サービスの提供」「△△製品の製造」「□□製品の販売」などになっています。

　なんらかの事情で組織が業務内容を見直ししているので、除外していた機能やそれに関連する仕組みを構築する必要があります。

　②の場合も①に似ています。しかし、②の場合は認証範囲に「設計（または企画）」が当初からすでに含まれていて、「設計・開発」機能も構築はされています。ただ、当初は「顧客側に存在するニーズを具現化するのが会社の製品またはサービス」として仕組みを作っています。しかし②の場合は「顧客側の潜在的なニーズを掘り起こすところから業務が始まる」仕組みに変更されているので、現状のマネジメントシステムとずれが生じており、業務の管理方法を見直す必要があります。

　③の場合はコスト削減など業務の効率化を目的に主たる製造やサービス提供機能をアウトソースする業態に変更しています。「顧客の要求事項」は製品やサービスが提供されて完了するケースが多いので、アウトソース先の管理が当初の仕組みより非常に重要な機能になっています。よって業務の管理方法を見直す必要があります。

その8
組織特性を考慮したマネジメントシステムになっていない

【傾向】

①人員、部門が少なく、所在地が本社のみなのに文書配付台帳がある

②材料や副資材としての化学製品取扱量や種類が少ないのに「資材取扱い管理規定」を作成して管理している

③管理が必要な機器が少ないのに「設備管理規定」を作成して管理している

④現在の会議体に加えて品質保証委員会を設けている

⑤組織規模が小さくスタッフが仕事量に応じて複数の役割を果たすため部門機能が明確になっていない

⑥小規模組織の役員会で経営判断がなされているがMR会議を設けている

⑦法規制や顧客要求事項が多いのに規格要求を満たすために作成した様式に記入した記録しか管理対象としていない

【対策】

　上記①の場合は、文書の作成・承認と文書の原本がきちんと管理されていれば、そもそも事務所スペースも広くないので文書の配付管理は必要ない可能性が高いです。

　②、③の場合は化学製品や設備メーカーが作成しているSDSや取扱説明書を外部文書として登録して必要な部分を抜粋するか、マーカーで囲んでおけば十分でしょう。また、それらの抜粋を工場や事務所内のメモとして壁に貼り付けているケースに対して「文書の配付管理がされていない」と指摘されているケースもありますが、取扱説明書など出典がはっきり説明できれば、「掲示物管理台帳」のような管理は必要ないと考えられます。

④、⑥はもともと社内に存在する会議体の目的と役割を整理して、下記の内容が議題になければ、既存の会議体の役割を見直しすれば十分です。

（既存の会議体に含まれるべき議題事例）
１）目標の達成状況、業務プロセスの監視結果、改善提案
２）方針・目標や業務の仕組み、製品の改善、資源投入の必要性の決定

⑤は「人」が実際に担当している仕事で組織図を作成しているケースです。

本来、自組織にどのような「機能」が存在すればいいのか、その機能にはどんな役割が具体的に必要なのかをまず明確にする必要があります。その上で、小規模組織は器用な人は「なんでも屋さん」ですから、兼務なのか単なるお手伝いなのか各人に割当てる役割を明確にすればいいのです。この場合の要点として「機能を明確にしてから人に役割を割当てる」の順番で考える必要があります。

⑦は様式化された記録の管理で安心してしまい、会社にとって管理が必要な文書類が法規制等を中心に漏れているケースがあります（例：マニフェストなど廃棄物関連記録、消防法関連記録、顧客からの使用禁止材料のリスト）。記録の洗い出しと管理が必要な記録の特定とそれらの認識が十分ではないかもしれません。

その9
組織特性を考慮した教育システムになっていない
【傾向】
①OJT主体の教育実態なのに教育日程表を作っている
②各人の力量状況を管理すべきなのに資格状況しか管理されてい

ない

③教育日程表を教育計画と思っている

④日常業務の中で教育の有効性評価をしているのにペーパーテストで評価している

⑤教育の有効性評価が実施した教育直後の評価のみとなっている

⑥業務に要する時間と比較して作成や管理の意義が不明確な記録を保管している

【対策】

　上記①〜⑥は「力量や教育」に関する傾向ですが、まず、この要求事項をきちんと理解して組織特性をどのように仕組みに織り込んでいくか考えることです。

　組織特性とは、例えば、ベテランが多い組織、スタッフが少ない組織、仕事の指示をする人が数十年変わっていない組織、法規で要求された資格者が業務を実施しなければいけない組織、技術の変化が著しい組織、人事考課が確立している組織などです。

　つまりこの要求では、各人に

１）「どのような役割があるのか（将来必要なのか）」

２）「役割を果たすためにどのような能力が必要なのか」

３）「役割を果たす上で必要な能力と現状の差異は何か」

４）「現状の能力と必要な能力の差異を解消するためにどのような教育方法が必要か」

５）「必要な教育はどの時期に実施する計画にしているのか」

６）「必要な能力はどのように評価するのか」

７）「評価した結果はどのように把握しているのか」

　といったことが仕組みとなっていることが要求されています。

　上記の目的を理解したうえで「必要な記録」を組織で決めて管理すればよいということになります。

要は、教育日程表の作成も教育の有効性の評価記録も、組織特性によって「必要かどうかを判断」して作成して管理すればよいのです。
　必要なのは、「各種実施記録示すこと」ではなく「要求事項の目的をきちんと理解して説明する」ことなのです。

その10
組織特性を考慮したインフラや業務環境システムになっていない
【傾向】
①管理対象が製造設備中心でユーティリティが対象とされていない
②管理が施設や設備メーカー、IT保守会社任せで社内に把握している要員がいない
③販売サービスなど店舗業務（接客、商品陳列など）が管理対象であるが対象とされていない
④施設の立地条件、設備や工場レイアウトが重要であっても管理対象になっていない
⑤要員の精神状態や職場環境がサービスに影響を与える要素なのに管理対象になっていない
⑥給与制度、人事制度、福利厚生などのマネジメントは全くISOで考慮していない

【対策】
　インフラストラクチャーや業務環境を管理する上での要点は「製品要求事項への適合性を達成する上で必要なものを明確にする」と言うことです。第3者に説明する手間や審査にパスすることを中心に考えれば「要求事項のつまみぐい」つまりは「管理していることの一部」を仕組みとして示しておけば問題ありません。ただ、要員に対して認識を深めて改善できる体制にするためには、

少なくとも組織にどんなインフラや業務環境に相当する業務があるのか検討を深めておくべきです。そのような観点で検討してみると、上記①、②の場合は、直接的な製造設備以外の管理や自社の要員以外が点検管理していないインフラをシステムに位置づけていないケースがあります。

また、③は施設自体の管理がサービスに影響を与える部分です。製造業など製品がモノである場合は設備が仕様に従って管理されていればよいのですが、施設自体の清潔度や老朽度、デザインや接客、商品陳列がサービスに影響を与える場合があります。

④は工場や店舗の増設や移転に伴う管理すべき事項や工場や店舗の配置が製品やサービスに影響を与える場合です。③や④の場合は、仕組みとして位置付けをして管理対象にする必要があります。

⑤、⑥については、人の入れ替わりが激しく、質の良い人材の雇用が製品やサービスに大きく作用する場合は重要な要素なのですが、システムに位置付けされていません。

施設や設備、業務環境といったものに対して「モノの状態」と概念を固定して捉えてしまうと、自組織にとって重要な要素を見落とすことがあるので注意が必要です。

その11
製造条件設定が経験のみによって決められている
【傾向】
①製造条件設定の根拠となるプロセスが記録されていない
②プロセスデータがデータ分析の対象となっていない
③製造条件決定のプロセスが手順として確立していない
【対策】
　このような傾向は、製品実現のプロセスの決定が社長やベテラ

ン社員の経験に頼っている場合に多く見られます。

　また、製品がモノである場合、実験室で試作品を製造した場合は条件を満たしても、大型の製造設備で製造すると製品の条件を満たさないケースなどもあります。

　経験や勘で適切なプロセスを決定していくことは問題ではありませんが、その経験が組織の財産として残っていかない仕組みであるとすれば損失であると言えます。

　製造やサービス提供の条件設定のプロセスが決定するまで、情報やそういった能力を身に付ける手順を整理しておくことは組織の財産となると思います。

　そのためには、
1）製造条件設定までのプロセスを手順にする
2）1）の手順について手順書として確立する
3）1）の手順を必要な教育として明確にし、伝承される仕組みを確立する
4）製造条件設定のプロセスデータを管理する仕組みにする

　などをマネジメントシステムに位置づけて組み込む必要があります。

その12
購買管理すべきものが決まっていない
【傾向】
①購買先の評価はしているが、購買製品の評価が十分にされていない
②購買製品の管理の方式と程度が不明確になっている
③購買製品の管理項目として価格を評価項目としていない
④事務機器や事務用品を購買管理の対象としている

⑤公的機関を購買管理の対象としている

【対策】

　多くの組織で「自社が購買しているものは何か」が明確にされないままどのように評価をするのかを議論していることあります。

　まずは、組織が、

１）現状、お金を支払って買っているものは何か

２）外部から購買（製品やサービス）した方がよいものは何か

を検討する必要があります。

　その際に、「原則、1回限りの購買なのか」「継続的に購買するものなのか」でまた評価方法が変わってきます。

　例えば、工場施設や設備の設置、コンサルティングサービスなど数年に1回の購買の場合は、一般的に狭義の品質や納期のウエートが高くなりますが、継続的に製品に組み込むJIS規格品の部品などであれば価格や納期が大きな管理要素になると思います。

　しかし、画一的な「購買先評価表」では、製品やサービスごとの各評価項目に対する重み付けがなされていないのが実態です。

　また、購買先の評価はされていたとしても、各購買製品によって製品への重要度が異なり、不良率が違う場合は、各購買製品の管理の方式や程度は当然変わってくるはずです。

　上記③のように購買評価の対象から価格を安易に外すのもいけません。

　「価格は管理の対象外」と考える人がいます。おそらくその場合の主張は「品質特性」の定義として「製品、プロセス又はシステムに付与された特性（例：製品の価格や所有者）はその製品、プロセスまたはシステムの品質特性ではない」と言うところを根拠にしていると思います。しかし「価格が品質特性であるかどうか」の議論と「要求事項に適合した製品を提供するために管理す

べきこと」を一緒にしてはいけません。

④や⑤は一般的には購買先評価表を使用する必然性はありません。

ただ、④の場合は業務に与える影響を考慮して、また⑤は自社での実質的な選定はありませんが発注条件は明確に管理する必要が出てきますので、組織が「購買管理全体の責任」を免責されるわけではありません。

つまり、何かを購買している以上は「なんらかの管理をした結果」、購買先評価表を使用しなかっただけで、例えば「価格のみ」または「納期のみ」を管理して購買しているので、そうした「購買先評価の根拠」を明確に認識しておくことが重要です。

その13
仕事量の管理がされていない
【傾向】
①労働時間に対する販売量、生産量が管理されていない
②販売価格の決定、見直しプロセスが管理されていない
③原材料価格の決定、見直しプロセスが管理されていない
④材料生産性が管理されていない
【対策】

一般的には、組織は上記のような項目を把握して、日々業務プロセスを改善することによってより向上させる努力をしていると思います。つまりは、組織が製品やサービスを提供すると言うことは新しく作り出した価値＝「付加価値」を市場や顧客に提供している事になります。付加価値は組織の各部門の仕事のやり方の総合結果ですから、業務指標としては重要な管理項目になっています。

しかし、製品実現の各段階の規格要求である製品実現計画、顧

客関連、設計・開発、サービスや商品企画、購買、製造、サービス提供では、狭義の品質については比較的明確にマネジメントシステム上で位置付けがされていますが、価格や時間の管理については位置付けがされておらず管理が徹底していないケースがあります。

　各部門の業務について
1）仕事量の設定方法
2）仕事量を監視・測定方法
3）仕事量算出に関係する値（生産量、販売量、原価、時間など）
　の計画・管理方法

についてマネジメントシステムに位置づけて管理を明確にしておく必要があります。

その14
ホワイトカラーのプロセスが監視・評価されていない
【傾向】
①経営層、管理職の業務が計画され監視されていない
②事務職の業務が計画され監視されていない
③上記の生産性や業務効率が計画され監視されていない
【対策】
　組織の中の役割を明確にすると、その役割を果たすために必要な具体的な業務が発生してきます。

　明文化するか否か別にして各役割に必要な業務を整理すると、業務フローや業務手順、業務基準が計画されます。

　「プロセスの監視及び測定」とは「プロセスを適切な方法で監視し、適用可能な場合には測定すること。これらの方法はプロセスが計画通りの結果を達成する能力があることを実証するもので

あること」と捉えることができますが、多くの組織によって監視及び測定が必要とされたプロセスは製品実現のプロセスに偏っています。もちろん顧客要求事項を中心に考えれば、重要なプロセスは製品実現のプロセスが多くなるのは当然ですが、経営に活用するのであればホワイトカラーの業務プロセスの適切性も考慮しておく必要があります。

　一般に経営層の役割は「どのような人にどのような仕事を担当させるか」となります。

　この業務の適切性は、
１）配置人員が適切か
２）組織の役割が複雑化（または簡略化）していないか
３）配置人員の能力は適切か（不足していないか）
　などになります。

　管理職の役割は、
１）部下に適切な仕事を与えているか
２）適切な目標を与えて（または設定させて）いるか
３）部下のモチベーションを向上させて、能力を育てているか
４）業務環境を整えているか
　などです。

　また、事務職の役割は、
１）業務手順どおりに実施しているか
２）計画された執務時間の中で目的外の無駄な業務は発生していないか
３）業務の処理速度と正確性は計画されたレベルにあるか
４）業務改善や業務の質向上に努めているか
　などです。

　経営層や管理職、事務職の役割が適切（例：計画通りか、生産

性は向上しているか）に果たされているかどうかの指標を設定して管理するすることが重要です。

その15
間接部門の役割がマネジメントシステムにリンクしていない

【傾向】

①経理や財務部門は品質マネジメントシステムに関与しないと考えている

②間接部門の役割、責任権限は明確になっているものの、その役割が全体業務の中でどのような役割を果たすのか位置づけられていない

③間接部門の目標設定が適切に計画されていない

【対策】

　言い尽くされていることですが、まずは「品質マネジメントシステム」の「品質」に対する認識を『組織が提供する製品やサービスそのものの質』ではなく、『組織が提供する製品やサービスを生み出す業務の質』と捉えることです。製品やサービスそのもの自体は、物質的、感覚的、行動的、機能的などの良し悪しがありますが、「継続して顧客に違法行為などなく組織として信頼され、良い製品やサービスを提供し続けるためには、製品やサービスを提供する過程で関与する業務を適切に管理する必要がある」というのは明白です。

　間接部門がISOマネジメントシステムを取り組むにあたって無関心になる原因として、傾向に示したように、「自分達の業務は要求事項のどこに相当するのか」、「目標はどのように設定すればいいのか」といった疑問が存在するのではないかと思います。

　一般的な間接部門には、以下のような部門があります。

ａ）会計（財務管理・管理会計・経理など）
　　→目標、マネジメントレビュー、経営資源、業務環境、顧客関連、購買、プロセスの監視、データ分析など
ｂ）人事（採用・配置・育成・処遇など）
　　→目標、マネジメントレビュー、経営資源、教育、業務環境、プロセスの監視、データ分析など
ｃ）経営企画（経営計画立案・経営活動の評価など）
　　→組織の課題、リスクと機会、目標、マネジメントレビュー、経営資源、プロセスの監視、データ分析など
ｄ）総務（秘書・庶務・IR・資産現物管理など）
　　→利害関係者のニーズ・期待、目標、マネジメントレビュー、経営資源、インフラ、業務環境、顧客満足、プロセスの監視、データ分析など

　もちろん、組織ごとに部門の役割は違いますので一律には位置づけられませんが、多くの組織で通常は、文書類の管理や教育訓練ぐらいしか品質マニュアルでは役割が位置づけられていないし、認証でもそう言った要求事項しか質問されないのが殆どだと思います。

　しかし、例えば人事・給与制度が悪ければ必要な人材は採用できないし、集まらないし、集まったとしてもモチベーションが下がって能力が活かされず宝の持ち腐れになるか、辞めてしまうかです。

　また、潜在的顧客のニーズや期待など市場予測無しに新規事業計画等の経営企画をする組織もないはずです。このような経営資源や事業計画の管理状態の組織であれば「継続して顧客に違法行為などなく組織として信頼され、良い製品やサービスを提供し続ける」確度は低くなるのは当然です。

したがって、マネジメントシステム上の位置付けを明確にして業務プロセスが計画通りか否かを監視し、継続的な改善をする必要があります。また間接部門は、直接部門の売上高や受注件数、生産性、コストダウン等のような目標が設定しにくいので、「部門一丸となって年度目標に取り組む」と言う結束力が弱くなりがちです。しかし、間接部門がなくても困らない組織というのは、世の中には存在しないはずです。間接部門の存在意義を間接部門の役割と考え、そこから業務の目標を設定する事が重要です。

第2章：ＩＳＯを効果的に活用していない組織の
　　　　傾向と対策（ＥＭＳ）

その16
「環境負荷低減＝節約」で業務改善を環境活動と認識していない

【傾向】

　環境側面の特定について「業務改善」のような非定常業務が環境側面として特定されていないため、「定常業務の節約活動」による各低減が限界に来ている。

（非定常業務事例）

・過剰生産・在庫による有効期限切れ商品等の発生による廃棄物の発生
・製品取扱いミス（例：温度管理、運搬）による不良品の発生（例：手直し作業によるエネルギーの発生・廃棄物の発生）
・製品の積み込みや荷降ろし忘れに伴う再配送の発生
・受注ミスに伴う再製造（例：余計な材料、エネルギーの発生）
・受注ミスによる不要品発生（例：廃棄物の発生）
・必要以上の会議資料の印刷（例：無駄なコピー機の稼働、不用紙の発生）
・販売数量と比較して過剰な商品広告・カタログ・キャンペーン用ビラの発生

【対策】

　非定常的な業務は、例えば、製造設備や配送車両の運転による「電気の使用」「ガソリンの使用」の中に含まれる活動ではあります。

つまり非定常的な活動が「環境側面として特定されていない」とは言い難い面もあります。

しかし、組織の業務活動にともなう「ミス」や「ロス」とは何か、という認識を深めて、それらを環境側面として特定し、非定常業務発生の「原因」を究明してマネジメントシステムの改善活動を実施していく必要があります。

その17
環境活動がエネルギーや廃棄物の削減に限定されている
【傾向】
①設備や施設の導入以後の環境側面しか考慮していない
②環境影響の低減活動が限界に来ている
③プラスの環境側面を効果的に活用していない
④環境マネジメントする次のテーマがない

上記の①、②の場合は、「既存の施設や設備を利用した上でのエネルギー等のロス」を前提として環境影響に対する改善活動を規定しているケースが多いです。

この場合は「目的を実施するために最低限の製造や活動行為」までロスが改善されれば、活動は行き詰まります。

つまり活動に対するムダを削ってしまえばそれ以上の環境影響の低減は望めません。

③の場合は製品やサービスの設計や企画の役割が会社にない場合は、製品やサービスに関わる環境影響の多くは会社がコントロールできないケースが殆どで、製品やサービスを生み出すプロセスしかプラスの環境側面は考慮できないかもしれません。

④の場合は、「環境マネジメントシステムを活用して実現したいこと」のイメージが「なんとなく環境にやさしい」と言うイメー

ジしかないケースです。
【対策】
　環境側面の考え方や特定方法に改善の鍵があります。
　俗に「プラスの環境側面」と言う環境側面の概念を広義に捉えると
１）「除去」
２）「代替」
３）「エンジニアリングコントロール」
４）「経営上の手法で管理（例：環境教育、汚染防止の啓蒙活動、地域清掃活動）」
があります。

　環境側面を特定する際に多くの場合は、例えば「お湯を沸かす」と言う方法に対して既存設備を使用した影響（例：ガスコンロの利用、電気ポットの利用、電子レンジの利用など）を特定し、環境影響が大きい環境側面を低減すると言う行動が一般的です。

　しかし、目的である「お湯を沸かす」と言う方法論に対して例えば「ガスを廃止してすべて電気にする」など「どの方法で目的を遂行するのか」と言う「除去」や「代替」の議論なく末端の管理方法だけでコントロールしようとしていることが多いです。

　また、「環境マネジメントシステムを活用して実現したいこと（経営に役立てられること）」のイメージも明確にしておかないと、単なる「削減、低減活動」に終始してしまいます。

　なお「〇〇の使用量を維持する」といった「維持目標のみ」でも要求事項は満たすことができるかもしれませんが、認証維持が目的になってしまう可能性があるので、その場合は「EMSに取り組む目的」を再確認する必要があります。

その18
組織特性を考慮した環境マネジメントシステムになっていない

【傾向】

①製品・サービスの設計や企画業務があるのに目標の設定内容が「低減活動」ばかりになっている

②組織の責任が製品・サービスの製造や提供段階まであり、その工程が外注であるが間接影響の特定と外注先への運用管理方法が明確でない

③外部の事業所（本社以外のサイト）が多いのに内部コミュニケーションが弱い

④市場型製品なのに外部コミュニケーションの仕組みが弱い

⑤世間で話題の業種なのに、世間の関心事が管理対象となっていない

【対策】

　上記①の場合は、「環境側面」の中で「プラスの環境側面」の考え方と仕組みを充実させる必要があります。

　②は環境側面について間接影響と運用管理の考え方と仕組みを充実させる必要があります。またISO9001で言えば「購買管理」の仕組みと連動させることも重要です。

　③～⑤は組織特性（強みや弱み）をよく認識し、「コミュニケーション」の考え方と仕組みを充実させる必要があります。

　また、⑤では「目標」や「運用管理」の考え方と仕組みを充実させる必要があります。

　ISO14001を経営に活用させるためには、月並みですが「単なる規格から見た仕事＝規格への適合性」から脱却し、組織本来の目的である経営理念を通じた利益向上のために行う活動において、ISO14001をどのように活かすか、改善点はどこにあるのかを考え

る必要があります。

　経営理念を通じた利益向上のための改善点を探し出し、組織が目指している業務上の目標と環境影響を連動させることで、経営に役立てることができます。

　つまり、単に規格から仕事を眺めて適合性を追求することは必要ではないとは言えませんが傾注してはいけません。

　組織特性をよく認識し、その特性と要求事項の使い方に濃淡をつけてシステムを構築・改善していくことが重要です。

その19
組織が関係する社会的責任が環境影響として考慮されていない

【傾向】
①環境影響を大気、水質、土壌、騒音、振動、悪臭、廃棄物、天然資源の枯渇のみで定義している
②法規制やその他同意した要求事項など関連する法規制等の検討が十分でない
③組織の宿命や業界のトピックスなど利害関係者の関心事が十分に評価できていない
④倫理面や地域特性が環境影響として捉えられていない

【対策】
　上記①に関してですが、「環境影響」や「著しい環境側面」と言う日本語の規格言葉と、口語として日常的に使用しているそれらの言葉の意味の両者を再確認して「ずれ」を再認識することです。

　どうしても日常の口語上は「環境」と言うと「天然資源や緑を大切に」とか「廃棄物の抑制」「公害問題」と言ったイメージが浮かんでしまいます。

　規格で環境は、「大気、水、土地、天然資源、植物、動物、人

及びそれらの相互関係を含む組織の活動をとりまくもの」と定義されていますので、日本人が口語的に使う意味より広範囲な意味を指しています。

上記②は環境影響と言う言葉と要求事項の順守評価より「環境に直結する法規制等」と義務規定のように「順守性が明確に評価出来る法規」のみを対象として検討してしまいがちです。

もちろん、検討した結果として規定した仕組みや認証審査時に審査員に示すものとしては、それで問題ありません。

しかし、組織の活動がどのような法規制等と関係するのかは検討しておくことが必要です。

上記③は過去に自組織や業界で事故や事件、法規への抵触など利害関係者への関心が生じたものは「組織がその活動をする上で持ち得る宿命的影響」として考慮しておく必要があります。

例えば、かつての4大公害と言われる問題に関係した企業や業界や東日本大震災以降の原子力業界は、どんなに業務改善をしていて問題の発生がゼロに近かったとしても、消費者など利害関係者の意識の中からは一生消えない関心の高い環境影響だと言えます。

上記④は、例えば、環境影響の削減は見方を変えれば、倫理上の観点からは好ましくないこともあります（例：暖房費の削減→労務環境の悪化など）。

また、環境影響は地域によっても違ってきます。日本では空梅雨でもない限り「水資源」は比較的多くの地域で十分にありますが、砂漠地帯や工業用水の慢性的な不足地域にとっては環境影響の高い項目になります。

景観であれば、古都や文教地区と通常の商業区域では関心が違います。

組織がどの地域に立地するのかによっても環境影響は変わって

きます。
　以上のような観点を考慮して環境影響として捉えて環境影響評価を実施することが、ISOを効果的に経営に役立てると言う意味では必要です。

第3章：ＩＳＯを効果的に活用していない組織の傾向と対策（ＭＳ共通）

その20
要求事項の本質を理解せず「適合性」を追求している

【傾向】

　要求事項で規定されたことの真の目的や本質を理解することより、組織で決定した認証取得時期に合わせて、審査にパスする「マネジメントシステム」を作ることに一生懸命になっている。

　ISO事務局以外の要員は「何をすればいいの？」「審査でどう答えれば指摘されないの？」とマネジメントシステムの運用方法を気にしているので、「組織風土に見合った仕組みとは何か」と言う議論がされていない。

　ISO事務局や管理者は「スタッフに要求事項の目的を理解させ、適した業務手順や記録を作成して業務を実行するよりも、審査員に突っ込まれない記録を作らせている」と言う状態になっている。

【対策】

　「ISO事務局は仕事に余裕のある事務職員のみに任せておけば大丈夫」と言う発想でISO推進・改善体制を作ると「要求事項に適合した方法」に偏ったマネジメントシステムが構築される可能性があります。

　なぜなら、ISO事務局としては認証審査にパスすることが第一の使命なので、要求事項の本質を知ることより「何をしておけば審査で指摘が出されないのか」と言う発想になります。

　また、仮に「要求事項の本質を理解しないと自組織に合ったシ

ステムにはならない」ことを理解していても、「組織の目的を達成する上で自組織に見合った正しい仕事のやり方とは何か」が理解できていなければ組織にあった仕組みは構築できません。

したがって、「要求事項の本質」や「組織の事業目的やそれに適した手法」「現在までの会社の仕事のやり方」を理解している人をISO構築・改善体制に加える必要があります。

また、経営層、管理層、従業員レベルにまで「この仕事はどういう目的でやるのか？」と言う認識を持たせることが重要です。

その後は、「方法から目的へ」、「目的を理解した上での方法へ」の繰り返しの活動が業務改善に繋がります。

その21
マネジメントシステムを支える業務環境が整っていない
【傾向】

ISO構築・運用・改善に適切な力量を有したISO推進メンバーが選任されてはいるが、検討事項について決定権限がない。

あるいはそれらの事項を決定すべき管理責任者または決定すべき情報を経営層に伝達する管理責任者が、その内容を理解し判断する能力に欠けている。

また、マネジメントシステムの改善活動に対する評価の仕組みがないために、社内的に評価される目先の業績が達成しやすい業務活動が中心になってしまい、改善活動が停滞してしまっている。

【対策】

まずISO推進メンバーの役割、管理責任者の役割を明確にして、役割に適した責任・権限を与える必要があります。次にマネジメントシステムの改善活動に対する業務環境（活動時間、必要な資金・インフラ、改善に対する評価制度、改善活動を促進・肯定す

る社内の雰囲気など）を整備する必要があります。もちろん経営者は、責任・権限や業務環境を単に用意するだけでなく、経営者自身がマネジメントシステムの継続的な改善が有益であることを真に理解し、業務課題の中でも優先順位の高いものであることを社内に態度で示していく必要があります。なお、改善に対する評価制度を作ると言うことは、マネジメントシステムの改善の成果指標を明確に設定しておくことが前提になります。

その22
規定したことが実行されているかどうかのみ確認している

【傾向】

①目標が「達成するための方法」になっている
②内部監査で確認する内容が手順の実行にとどまっている
③日常業務の中で監視するべき項目が明確でない
④日常業務の中で監視する項目の基準が明確でない

　上記の①の場合は、目標として「勉強会を毎月実施する」「毎週部内ミーティングを実施する」「安全委員会によるパトロールを年4回実施する」など本体「達成するべき目標」を設定する所が「目標を達成するための方法」が目標として設定されている。

　②の場合は、「社内で規定された手順の確認」＝「内部監査」になっている。

　規定された手順が効果的であったかどうかの内部監査は殆ど実行されていない。

　③、④の場合は規格要求事項をクリアするために何らかの監視項目は設定されていますが適切な監視項目なのか、また設定された監視項目が効率的か否かをどう判断するのかは明確になっていない。

【対策】

①の場合は、「社内で決めたことを実施することが目標」と言う段階の組織を除いてそれらの活動を通じて本来達成すべき目標を設定しなおす必要があります。

その際に、目標を達成する方法、日程、担当者・責任者、必要な資金などを併せて計画しておくことは言うまでもありません。

②の場合は、③、④とも関係するのですが中小組織の場合は本来、日常業務の中で各責任部門（例：管理職、各会議、担当者自身）が「業務の計画と監視それらの結果の報告と改善提案」と言う概念がしっかりと定着していれば、「外部講習会で習うような内部監査は必要ない」かもしれません。

中小組織での内部監査の役割を位置づければ、「業務に責任のない人の目線でみたら気が付かないことを検出できる」とか「部門で設定した業務計画やその効果を測定する指標が適切かどうかを内部監査員の視点でレビューする」と言う効果だと思います。

つまり、内部監査では「手順の確認だけでなくその手順の適切性と手順の実行結果が効果的かどうか」を監査するようにしなければなりません。

③、④はマネジメントシステムの中で各プロセスがどのような役割を果たしているのかが認識できていないために、ポイントとなる業務の監視やその効果性の基準（評価指標）を設定する必要があります。

その23
経営者が組織のあるべき姿を明確にしていない
【傾向】

①役員会とは別に「マネジメントレビュー会議」が実施されている

②規格で皮相的に要求しているインプット情報のみで見直しを実施している
③マネジメントレビューの記録作りをISO事務局に任せっきりにしている
④部門や管理責任者から上がってきた情報のみでマネジメントレビューをアウトプットしている
⑤経営者に組織のビジョンがないため社内情報より適切な指示（経営判断）が出来ていない
⑥経営者が組織が適切に機能するために必要な要素とは何かを知らない
⑦経営者の指示事項を具現化する管理手法を管理層が知らない
⑧マネジメントレビューが状況に対する単なる指示事項で、仕組みや資源の見直しがされていない

【対策】

　ISOでの要求事項である「マネジメントレビュー」を狭義に捉えれば、「各マネジメントシステム規格の範疇での仕組みの見直し」となってしまいますが、実質的に中小組織の場合は「事業計画立案に必要な情報入手や審議、経営判断の結果」＝「マネジメントレビュー」であると言えます。

　しかし、「マネジメントレビュー」を規格要求事項という枠組みから捉えてしまうと、薄っぺらいチープな内容のマネジメントレビューになっているケースがあります。

　つまり「適切な経営判断結果」＝「マネジメントレビューのアウトプット」と捉えきれていないと、例えば「是正処置の処理が遅れている」と言う情報に対して単に「早く処理するように担当部門に指示した」と言うアウトプットしか出ていないケースがあります。本来は「是正処置の処理が遅れている原因を分析・評価

して仕組みや資源の見直し」を検討しなければなりません。

「組織の問題点」が冷静に分析・評価できない場合は、組織にとっても頑張っているスタッフに対しても悲劇です。

つまり「方針・目標、経営の仕組み、製品の改善、必要な経営資源」の必要性を評価するためにどう言った手順が必要なのかをもう一度振り返る必要があります（傾向①～④、⑧）。

よく「経営者の器以上に組織は大きくならない」と言われます。

経営者が自分の器（強みや弱み）を知り、適切な参謀を用意していれば解消されることもありますが、基本的には組織の舵取りは経営者が判断する事になります。

しかし、特に、護送船団方式または旧来からの仕事のやり方で経営が成り立ってきた組織経営者は、時代の移り変わりに対してこれからの組織がどうあるべきなのかの将来像が描ききれていないケースが多く、また仮に描いたとしてもどういう方法でそこにたどり着けることが出来るのか分からないケースもあります。

現在の器の範囲内で組織規模を考えて経営する以外は、経営者や管理者自身が「経営」についてより学び成長する必要があります（傾向⑤～⑦）。

その24
複数のマネジメントシステムの導入方法が効率的でない
【傾向】
①組織の状態と重要性を考慮せず複数のマネジメントシステムを導入している
②環境マネジメントシステムの導入目的が組織イメージ先行になっている
③複数のマネジメントシステム規格を導入し規格ごとに事務局を

設置している
④複数のマネジメントシステム規格を導入し規格ごとにシステムを作成している

【対策】

　上記①、②の場合は自組織が現在どういう状態なのか、把握出来ていないケースが多くあります。

　マネジメントシステムを導入して経営改善を考えることにすると、経営者はもちろんある程度の管理層が、

１）組織の目的
２）事業環境を考慮した経営戦略（外的要因：事業機会や事業上の脅威、内的要因：強みや弱み）
３）組織内の各部門の役割や業務手順
４）それら１）～３）についての理解

　など「組織としての体裁」がある程度整った状態でないと、「いたずらに規格への適合性を皮相的に追い求める」結果になり「マネジメントシステム規格」に右往左往することが想像されます。

　つまり、組織とはどうあるべきか、経営とはどうあるべきか、仕事に対する基本的な姿勢とは何か、などがある程度確立していないと「マネジメントシステム規格」と言う道具を使って経営管理システムを構築し、改善することは出来ないと言えます。

　よって、各規格を経営ツールとして使って期待できることを理解して認識し、マネジメントシステム導入の優先順位を決める必要があります。

　また、例えば、環境マネジメントシステムの場合ISO14001やエコアクション21、エコステージや地方版環境規格など「環境マネジメントシステム規格」が数多く存在しますが、「地球環境と地域社会への貢献」や「要員の論理の能力の強化」「企業の説明責

任の強化」「会社の環境に対する認識と習慣化」「対外的な企業イメージアップ」「社内の一丸となる姿勢」「活動に必要な経営資源」など組織として「環境に取り組む目的は何か」を十分考慮してそれらが最終的に実現できる最適な規格の選択が必要になります。

　上記③、④は、マネジメントシステム規格には規格ごとの目的の違いはあるにせよ、方針を立てて目標や管理項目を特定して計画し、実行して、監視し、改善するという基本パターンはPDCAなので同様です。

　したがって文書類の管理や教育訓練、内部監査などの管理手順は、どのシステムを導入しても共通化できるようにシステムを設計する必要があります。ISO事務局や規格をそれぞれバラバラに考えると不効率が生じやすいです。社内事情でバラバラに事務局を設置、または取組みをする場合は情報交換を密に実施する必要があります。

その25
ISO事務局のためのマネジメントシステムになっている
【傾向】
①ISO事務局が「規格への適合と審査対応専門部隊」と化している
②内部監査やマネジメントレビューが認証審査に合わせて実施している
③「業務が円滑に回るための改善」よりも「審査が円滑に通るための改善」となっている
④審査を担当する認証機関の審査員が「可もなく不可もなく」レベルの審査員になっている
【対策】
　上記①については、ある程度大規模組織であればITシステム

の管理者が必要になるように「マネジメントシステムの管理者」も必要になります。

ただし、あまりにも事務局が専門的に特化すると上記②、③のように、組織に役立つシステムよりも「ISO事務局の立場を守る仕組み」（例：審査をパスするために必要な仕組み、事務局しか理解できない仕組み）が優先的になり、規格要求を拡大して理解・活用して、経営改善に使える仕組みづくりという側面が弱くなる可能性があります。

その辺のメカニズムを管理層は理解してISO事務局業務の監視、有効的な活用を促進させる社内環境づくりが必要になります。

上記④は分かりにくいかもしれませんが、結構ある話です。

ISO事務局が専門化してくると「ISOの認証維持」が彼らの「仕事」の一つになります。

認証機関は受審企業の満足度を調査するためにアンケートを書いてもらう仕組みにしているケースが多いですが、はたしてアンケートは誰が書いているでしょう？

回答者は社長名や管理責任者名になっているかもしれませんが実際はISO事務局であることが多いです。そうなるとISO事務局が主導してきたことと違うコンセプトで審査員が指摘すると、それが組織にとっては良いことであってもISO事務局は面白くありません。

そうすると当然、アンケートの審査員の評価はネガティブでしょう。

認証機関はその結果をもとにクレームが出にくい「可もなく不可もなくの審査員」を次回審査から担当させることになります。

結果として、審査が「ソフト対応する紋切り型審査」になるので受審者にとって「気づきの場」になりません。

「どのようなタイプの審査員に来てもらいたいのか」を明確に

認証機関に示す必要があります。

その26
従業員をその気にさせる体制や環境が整っていない

【傾向】
①社員は給料やポストでモチベーションが上がると思っている
②上司に人望がない
③組織にモチベーション・クリエイターがいない

【対策】
　上記事例に関する要求事項は、マネジメントシステムをモデル化したISOでは直接的には出てきません。

　なぜなら規格自体の目的が、顧客や利害関係者に対して信頼されるための継続した能力を示すために必要な要素が規定されているからです。

　「従業員をやる気にさせるための体制や環境」は組織の発展や活性化には重要な要素ではありますが、組織内部のことですから顧客や利害関係者の要求事項を満たすためには必要な要素となっていません。

　近い要求事項を探せば、教育、業務環境、コミュニケーションあたりでしょう。

　しかし「やる気のある人やできる人を採用する」のが容易な大企業はいいですが、現実的に多くの企業では「現有従業員をどのように育てて、組織の中で最適な配置をして行くのか」が組織の継続的な発展に重要な要素であるし、ひいてはそれが顧客や利害関係者にとっても安心感に繋がると思います。

　さて上記傾向に対する対策ですが、高度成長期であれば給料もポストも右肩上がりで増えましたし、社員のやる気などあまり考

えなくてもよかったかもしれません。

しかし、組織の多くは、給与は現状維持か、または右肩下がりですし、ポストも十分にありません。

そうなると組織内で社員のやる気の種を意図的に作るしかありません。

つまりは「社員が認められる環境づくり」です。

社員が認められるためには、例えば、

１）社員の論理的な思考力を高める

２）社員の提案を聞き実現できる

３）社員の業務を褒める

などの環境づくりが必要になります。

「モチベーションコントロール」や「人事制度」「給与制度」「業務評価制度」の書籍も多く発行されていますので参考になる部分も多いのです。しかしその仕組みが、分かりにくく、効果がなかなかあがらず、継続しにくいと長続きしませんので注意が必要です。

その27
経営計画がマネジメントシステムに反映されていない
【傾向】
①事業毎に必要な戦略が明確にされていない
②必要な戦略が明確に計画されていない
③戦略に基づく経営計画（例：売上、生産目標、利益目標）が立てられていない
④経営戦略や経営計画の管理（計画、実行、チェック）がされていない
⑤経営戦略により将来生じる環境側面や法規制の特定がされてい

ない

【対策】

　ISO導入組織では、あたかも「品質方針や環境方針から一足飛び」で年度品質目標や環境目標が設定されているようにマネジメントシステムが構築されています。

　もちろん、「護送船団方式」で組織がやるべきことが役所主導体制の業種であれば「経営戦略に基づく経営計画や品質・環境目標の設定」と言う概念は確かにあまりないかもしれません。

　しかし、人の採用にしろ、事務所や施設や設備の増築にしろ、将来の事を全く考慮せずに経営をしている組織は殆どないはずです。

　例えば、「土木構造物、建築構造物の設計・施工」と言う業務範囲の組織の場合、「土木」と「建築」と言う各事業においてそれぞれ、「人事」「財務」「マーケティング」「研究開発」「生産」などの各戦略を計画しているはずです。

　別の視点で考えれば事業毎に自社の発展性を
１）現在提供している製品の範囲で経営する
　　→ａ）現在のターゲットとしている顧客（市場）：市場浸透
　　→ｂ）新たな顧客（市場）：市場開発
２）１）だけでなく新製品や改良製品まで広げて経営する
　　→ａ）現在のターゲットとしている顧客（市場）：製品開発
　　→ｂ）新たな顧客（市場）：事業多角化
を検討して、選択した発展性ごとに各戦略を計画しているはずです。

　各戦略に近いISO要求事項（例：教育、経営資源、顧客関連、設計・開発、製品実現計画、インフラストラクチャー、環境側面、法規制及びその他の要求事項など）はあるのでそこで明確に位置付けしておく事ができます。

しかしながらISOの要求事項でずばり近い所を探すと、経営戦略や経営計画に近い所は「マネジメントレビュー」や「目標」なので殆どの組織では意図的に位置付けしない、あるいは位置付けできずにいます。

しかし、組織は先に挙げた関連する要求事項の根底では「戦略に基づいて経営計画」して業務運営しているはずですので、マネジメントシステム上の位置付けとして明確にして管理をより徹底することが必要です。

その28
「問題」＝「改善の種」という認識がない
【傾向】
①問題の種類が整理できていない
②問題の発見方法が確立していない
③問題意識が低い
④是正処置、予防処置の事例が少ない
【対策】
　規格では「不適合の処置」や「プロセスの監視」「データの分析」「是正処置」「予防処置」などが関連しますが、規格から考え始めたとたんに発想が貧困になったり、色あせたり、または面倒くさくなって「不適合報告書」「クレーム報告書」「是正処置報告書」「予防処置報告書」と言った記録レベルでは、事例が殆ど無い結果になるので不思議です。

　ISOの用語では、例えば是正処置であれば「検出された不適合またはその他の検出された望ましくない状況を除去するための処置」と定義しているのですが、上記傾向のように「何を問題と考えるのか」「どのように問題を検出するのか」「問題意識はどうやっ

て高めるのか」が整理され認識されていない組織が多いです。

　そのためにはまず第1に問題の種類を整理することです。例えば、
1）業務レベルの問題
　　（目標未達、手順や指示どおりに仕事をしていない、機器の操作ミスなど）
2）管理レベルの問題
　　（指示が不明、配置ミス、ムリ・ムラ・ムダ・ムチャな指示、遵法性を無視した指示など）
3）戦略レベルの問題
　　（市場動向の分析ミス、施設・設備投入計画のミスなど）
4）その他の問題
　　（人間関係や社内制度上の問題など）

　第2には、上記問題点の検出方法を確立することです。例えば、
1）業務に対する役割のチェックリストを利用
　　（例：業務ごとに品質、原価、納期、効率性（生産性）、リスク、業務環境、と言った役割に問題か発生していないかどうかのチェックリストを作成）
2）1）の監視者の確立
　　（例：自己、自部門長、組織内の他部門、外部のコンサルタントなど）
3）1）の監視方法の確立
　　（例：点検、パトロール、会議、改善提案、QCサークル、内部監査、外部監査）
4）監視された問題点の分析・評価、プロセスやシステム改善方法の確立

　第3には問題意識の確立（芽生え方、育て方）です。これはひらたく言えば、「責任感」「切迫感」につきると思います。役割が

人を育てると言いますが、例えばISO事務局であれば経営に効果的なシステムの構築・改善の推進、認証の維持と言う責任感、労働・安全責任者であれば社内環境の保全・改善と言う責任感を常に背負っていますし、問題が発生すれば切迫感が生じます。

　大きな問題は会社の存亡も左右しますが、外圧（例：他部門、顧客、認証機関など）を利用して「プチ切迫感」を常に意図的に作っていくことも問題意識の向上には重要です。

その29
改善提案制度はあるが形骸化している
【傾向】
①改善提案することが目的になっている
②改善提案のマネジメントシステム上の位置付けが整理されていない
③改善テーマが挙がっても改善の仕方がわからない
④改善提案を社員の能力開発やモチベーションアップに繋げていない

【対策】
　まずは提案制度の目的やマネジメントシステム上の位置付けを整理することが必要です。最大の目的はもちろん、
１）提案により業務改革を推進したり、業務の仕組みを改善して効率向上
　ですが、その他にも
２）業務改革や改善を通じて社員の能力向上
３）業務改革や改善を通じて社員のやる気、社内の活性化を推進
　があります。
　次に業務改革や改善テーマ（提案内容）の創出方法を検討する

ことです。
1）社員の自主的活動（日常の気づき、ヒヤリ・ハットなど）で提案させる
2）不適合情報を活用して改善委員会で改善テーマを与えて提案させる
3）顧客満足度や市場調査結果に基づき改善委員会で提案させる
4）2）、3）のデータを含め、データ分析を活用して部門毎や改善委員会でテーマを与えて提案させる

などです。

その次に提案された内容を育てる工夫です。

例えば、

1）提案内容についてアドバイスをする

提案について、「良くて使えるもの」→採用、「実現不可能、内容が些細なもの」→不採用と短絡的に判断せずに「この部分をもっとうまくできるように考えてみよう！」と提案を効果的に実現させるために何が必要かアドバイスをして社員の能力やモチベーションを高めることも必要です。提案内容の見直し過程により、当初は考えもしなかったより効果的な提案が出てくるかもしれません。

2）改善のやり方を教える

せっかく提案テーマが見つかっても改善方法を知らなければその次の手が打てませんので手法の勉強も必要です。

例えば、改善技法として有名なQCの7つ道具（特性要因図、パレート分析・図、グラフ、チェックシート、散布図、ヒストグラム、管理図）や問題解決のアイディア手法としてKJ法やブレーンストーミング、ブレーンライティングなどがあります。

また、業務革新レベルまで行くと長期に亘る外部教育も必要になるかもしれません。

３）採用されたり、実現した提案テーマを評価する

　改革や改善が無事にできても、上司が業績を横取りしたり、社内的に評価されなかったり、見直された後にそれに関する仕事を任されたり、責任や権限を与えられなかったりすれば、「提案しても評価されない」とやる気も半減してしまいます。評価やその後の体制について社内的な制度がない、または不十分な場合はそのような面も含めて検討が必要です。

４）見直された業務や新しい業務を位置づける

　改革や改善は実施しても、新たに加わった仕事をマネジメントシステムに位置づけていないケースも多々あります。品質マネジメントシステムの場合はもちろんですが、遵法性などリスクマネジメントの側面が濃い環境や労働安全衛生、情報セキュリティマネジメントシステムの場合は、業務計画段階より、見直された業務や新たな業務に関連する側面の評価をして、適切な対応も必要になります。

その30
カリスマ経営者が退いたあとを想定したシステムになっていない

【傾向】

①カリスマ経営者時代の強みと弱みを理解して今後想定される問題点を考慮した経営の仕組みが作られていない

②次の経営者の育成が遅れている

③カリスマ経営者の後任候補に必要な幹部教育がされていない

④カリスマ経営者の下では参謀的役割だった幹部が経営者になっている

【対策】

　組織の仕事のルールは、初めから意図して仕組みを作らない限

り自然派生的に作られてきていますので、創業社長やカリスマ経営者と呼ばれる時代の組織の状況・状態を前提にして作られてきていることが多いと思います。

「いつまでもあると思うな親と金」ということばがありますが、リーダーシップを強烈に発揮して成功している経営者時代のやり方が常に組織の勝利の方程式ではありません。

カリスマ経営者がいるときはなかなか現実を直視できるものではないし、しかも、マネジメントレビューは経営者自身が行っていますので、なかなか「組織のいい時代の強みと弱み」を理解して、その後に想定される問題を考慮した仕組みづくりは難しいと思います。

カリスマ経営者が自分の強みと弱みを理解しないで、「この人物ありき」で次の経営者を決めていたり「自分の立場を守るために必要な人」を次の経営者にしていると、必ずと言ってよいほど問題点が発生しています。

対策としては、
1）カリスマ経営者の強みと弱みを把握する
2）現在の仕事のルールがそれらの特徴を前提に作られている部分を把握する
3）カリスマ経営者がいなくなった後に想定される問題を特定し、対策を計画しておく

などが考えられます。

大企業で経営者が「サラリーマン化」している場合は、カリスマ経営者も商法上は「代表取締役」に過ぎませんので、本来のチェック機能が働いているのであれば「取締役会」が「カリスマ経営者のあとの想定される事態」を考慮した対策の計画がされるかもしれません。

オーナー企業の場合は、「取締役会」は「使用人幹部の集まり」ですから、そういった意味では機能していないと思いますので、

a）社外取締役を入れる

b）コンサルタントや外部監査結果を利用する

などが考えられます。

しかし、上記a)、b)が「経営者にとって耳の痛いことをきちんと言ってくれるのか」また「経営者自身が聞く耳を持つか」がポイントになると思います。

その31
業務手順書や様式の使用方法がわからない

【傾向】

①業務手順書制定から数年が経過しているが改訂が殆どされていない文書がある

②業務手順は規定されているが運用が実施されていない手順がある

③ほとんど使用したことのない様式がある

④業務手順書や様式の使い方についてちゃんと説明できる人がいない

【対策】

まずは関係者で規定されている業務手順書や様式の確認を行うことが必要です。規格要求事項で言えば、文書管理の「文書はレビューを行うこと」や内部監査がそのものズバリの要求事項です。ISO認証取得組織であれば、本来は業務手順書や様式の確認を行う体制は確立されており、効果的に機能していなければならないのですが、上記の傾向があるという事はマネジメントシステムが有効的でないと言えます。

「文書のレビューは年度末の品質保証会議でやっているし、内

部監査でもチェックしている」と言われる組織も多いと思いますがその場合は、
1）業務手順書や様式の改訂回数が少ない理由は明確、かつ、妥当なのか
2）業務手順や様式があまり使用されていない理由は説明できて、妥当なのか
3）業務手順や様式の使い方は本当に各関係者は理解しているのか
4）内部監査では実施例のない業務手順や様式について確認が行われたか
を確認する必要があります。

　組織で規定している業務手順書や様式がどのようなケースで生じるのか、どういう意味なのかなどが想定できず、説明できないと言うことは、いざ規定していることが発生してもせっかく規定した業務手順書や様式は活用されないと言うことです。

　言い換えれば、それは各関係者が「業務とは何か」を理解していないことでもあり、組織として業務管理がされていないことでもあります。

その32
マネジメントシステムやその実施状況を情報公開していない
【傾向】
①構築しているマネジメントシステムを完全社外秘にしている
②マネジメントシステムの管理状況を完全社外秘にしている
③マネジメントシステムの改善活動など実施状況を公開していない
【対策】
　ISO認証を受けていても稀に「公開を望まない」企業があります。
　第三者認証の目的は、大雑把に言えば、「システムやプロセス

の改善を通じて継続した能力があることを示すこと」と「顧客や利害関係者への満足度を継続的に高めること」ですから「公開を望まない」と言うのは趣旨からすると変な感じがします。

　内部管理を目的にISO規格という道具を使うだけなら組織として自主的に取り組んで認証を受ける必要性は特段ありません。

　もちろん社内が活動した成果として「認証」を必要とするケースもあるでしょう。例えていえば、「実力を試したかったから大学受験だけはしたけど合格しても入学しない」と言うケースもあるかもしれません。

　以前ある経営者から聞いた話としては、認証を受けると顧客がコストアップを懸念し、組織に問題が発生（例：企業不祥事やISO認証停止など）した際に世間に公表されるので余計にダメージが大きくなるから公開したくない、と言っていた方がいました。ISO認証機関の認証組織の公開の仕方を見ていると認証を止めた場合はその理由が記載されています。

　現在、認証を止めるケースの多くは企業の合併や解散などによる場合が多いようですが、確かに不祥事での取消しは組織イメージに対して影響は少なくないでしょう。しかし、顧客や利害関係者より認証が望まれている場合のみならず、昨今の組織運営のキーワードは「ディスクロージャー（情報開示）」ではないでしょうか。

　会社法施行規則118条2号では「内部管理システムの整備について取締役会で決定した場合には事業報告の中で明らかにしなければならない」と定めがあります。

　上場企業であれば有価証券報告書にコーポレート・ガバナンスの内容として「内部管理システムの整備状況」を記載すべきことが定められています。

　内部管理の目的は、

a）法令遵守（コンプライアンス）
b）財務報告の信頼性
c）業務の効率化

　ですからまさしく、a)、c)の活動体制と状況はISOで示すことができる項目です。

　ノウハウの外部流出を心配する向きもありますが、業務手順書や規格・基準書は確かにノウハウですが、情報公開を意識した場合、規定レベルは情報公開すべき内容だと考えられます。

　また、業務改善や環境活動も報告書形式にして少なくとも年度ごとにHPなどで公開していくことを検討するべきでしょう。

　情報公開することによって、説明責任が増して「単に認証取得している企業」と「真摯に取り組んでいる信頼できる企業」との選別が推進されると思います。

その33
ISO規格によって組織が規定した責任権限が限定されている

【傾向】
①プライバシーマークを導入しているが個人情報に関する責任権限しか考慮していない
②環境マネジメントシステムを導入しているが通常業務の役割がはっきりしていない
③品質マネジメントの責任権限で労働安全衛生や財務の責任が考慮されていない
④情報セキュリティマネジメントを導入しているが非常勤役員や退職者が考慮されていない

【対策】
　ISOなどのマネジメントシステム規格は「マネジメントする対

象範囲」がそれぞれ目的別に規定されています。

そのため、品質、環境、労働安全衛生、情報セキュリティなど目的化されたマネジメントシステムを構築する場合、どうしても直接的に関係する役割や責任権限、対象要員に目が行ってしまいます。

しかし、品質マネジメントシステムはもとより、環境にせよ、労働安全衛生にせよ、情報セキュリティにせよ、食品安全にせよ、リスクマネジメントを考える場合は組織が仕事をする上で生じる各要員（経営層、管理層、一般従業員など全ての階層）のそもそもの役割を明確にしておかないと業務手順書を作成する場合、堂々巡りの議論になるおそれがあります。

仕事とは外部（例：顧客や利害関係者など）や内部に対してなんらかの付加価値を生み出す行為ですから、結局の所、業務の質や効率性、リスクは仕事の役割と密接に関係しています。

つまり現実的に責任と権限を規定する祭に「個人情報管理だから、この業務は関係ない」とか「環境マネジメントだから安全は関係ない」とスパッと割り切れるものではありません。

例えば環境マネジメントシステム規格では「……この規格には、品質、労働安全衛生、財務、リスクなどのマネジメントのような他のマネジメントシステムに固有な要求事項は含まれていない……環境マネジメントシステムを構築するに当たって、既存のマネジメントシステムの要素を適応させることも可能である……」旨が規定されています。組織がマネジメントシステムを導入する目的や利害関係者との関係で「こうでなければならない」と言うものではありませんが、無理に「この役割は環境だから関係ない」などと決め付ける発想でスタートはしなくてよいと思います。

ではどうすれば良いのか。組織の事情もあるので異論もあると

思いますが
1）全階層の要員の仕事に対する位置付けと役割、責任権限をじっくり検討してきちん特定する
2）複数のマネジメントシステムを導入するのであればまず、品質マネジメントシステムを導入する
が考えられます。

　各要員の役割が比較的はっきりとしている組織であれば不都合を感じないかもしれませんが、そうでない中小企業では、業務の特定が不十分になりやすいので、リスクの特定も曖昧になります。
　したがってマネジメントシステムが十分に機能しない、または本質的な業務手順書となっていないと言う結果になります。

その34
無理に認証を維持している
【傾向】
①リスクマネジメントを実施した結果、組織としてすぐに解決できない問題が多くある
②内部環境の激変により業務管理ができる状態でない
③外部環境の激変により営業や金策が喫緊の課題となっている
④認証維持に関してマンパワーがない
⑤認証はなんとか取得したがその後の改善活動を推進するマンパワーがない

【対策】
　上記①の場合は、環境や労働安全、情報セキュリティマネジメントシステムを構築・維持・改善する場合はリスクを特定し識別します。
　リスクは組織の財務、技術、運用上や顧客や利害関係者など事

業上の事情を考慮して取組みの優先順位を選択する事が出来ます。

しかし、法規制やその他同意した要求事項に関しては、そのままにしておくと厳密には「法規制違反」というものも実は少なくないことがあります。

つまり、認証を取得するまたは維持する場合には原則的には早急に取り組まないといけないものになります。

ただ、現実にはどうでしょう。故意に実施していないのであれば問題ですが、リスクマネジメントを実施したことによって問題を認識するケースも多くあると思います。

要はリスクマネジメントをすることによって「寝た子を起こす」状態、つまり今までの業務の中では特段の問題と思っていなかったことが出現してくるわけです。とりわけその対策にお金がかかることであれば、経営者は悩むことになります。

②、③のケースもよくあります。

ベテラン社員が多く抜ける、強力なライバル企業が登場し売上が激減するなど組織は常にリスクにさらされています。

もちろん、その予兆はあるわけでマネジメントシステム的に考えれば、「監視プロセスが適切に機能していなかった」と考えられるわけで改善すべき点も多々ありますが、組織のその時の立場で言えば、そのような状況の時は悠長に仕組みを検討している余裕はありません。

大企業で人材がたくさんいれば別ですが、中小企業の場合は業務管理面の作業は遅れ遅れになって行ってしまいます。

④、⑤のケースもかなり目の当りにします。

「認証は形を作って維持するものだ」と行政手続きのようにマネジメントシステムの構築・維持・改善を考えていると大概は人材の能力不足になります。

特にシステム構築段階では「全てお任せ認証パック」のようなコンサルティング営業をするところもあり、組織の事情もあるので一概に非難はできませんが、
１）社員が規格の内容を知らない
２）マネジメントシステムを理解する人材が育たない
　と言った状況が生じます。
　また、認証は「最低限の体制ができたところ」で登録証が発行されますので、意味が分からないままにシステムを構築しても、改善ができないばかりか、規定したことの単なる実行になります。そうなると認証審査に間に合わせた記録作りなど「偽りのシステム運用」を継続して行く事になります。
　さらに、認証審査で指摘を受けるたびに「組織がやるべきこと、検討すべきことの負債」がたまっていきます。
　それでは「どうすればいいか」ということですが、結論から言えば認証継続を止めること」を検討することです。勘違いしてはいけないのは「マネジメントシステムの活用を止める」ことではありません。
　あくまでも「認証を止める（取得時期や継続を再検討する）」だけです。
　ただ気をつけなければならないのは、「認証復活」あるいは「変更した認証取得時期」を明確にして計画（日程、方法、資源、責任者など）をきちんと立てて、定期的に計画通りなのかチェックすることが必要です。
　補足ですが、「不祥事ではない社内事情による認証の中断」を組織が選択した後に、再申請する場合の認証機関のフォロー体制も重要であることは言うまでもありません。

その35
ロゴマークの使用方法を認証機関に確認していない

【傾向】

①ロゴマークの管理手順が周知されていない

②ロゴマークの管理部署が決められていない

③システム変更事項を認証機関に連絡する社内手順が明確でない

④内部監査などで①〜③を監視する手順がない

【対策】

　ISOなどの認証を受けると「ロゴマーク」に使用が許可されます。

　ロゴマークには使用の制限があり、外部に対してその組織が提供する製品やサービス技術および環境や労働安全、情報セキュリティに関する管理レベルの優位性を示すような表示はできません。

　それはマネジメントシステム認証の性質が「仕組みが規格に適合して整っていること」「仕組みが継続的に見直され、効果的に改善される体制が整っていること」に対するお墨付きだからです。

　また、認証されたあとも通常は半年または1年周期で「マネジメントシステムが整っており、継続的に見直されていること」を定期審査で認証機関から確認されます。

　このように書くとなんだか「取締り」のようですが、認証機関は外部に対してマネジメントシステムの適合性を公表する責任がありますので、審査時点との変化は必ず確認しなければ、認証されていることを信頼して業務依頼を検討する利害関係者に対しての信頼性を損なうことになります。

　認証組織の立場としては、

1）認証機関任せにするのではなく、自らロゴマーク利用の適切性や組織内部の変化に伴うマネジメントシステムの変更を常に意識して見直す

２）ロゴマークの利用状況やシステム変更の必要性を内部監査等のチェック事項として常に管理する

といったことが必要になります。

　認証機関からの要求事項（例：ロゴマーク使用規定、登録組織遵守規定など）が外部文書として管理されていて、内部監査などで自ら適切性をチェックされているのかを審査の中で確実に審査するようになっています。しかし、中小企業ではなかなかその管理がおろそかになっているところもあり、審査員によっては、「認証機関からの要求文書をもとに内部の登録組織管理規定を作れ」などと要求する方もいますが、余計に管理が面倒になっているケースが多いです。

　組織が認証されたあとに、

ａ）認証企業として守るべき事の自覚教育の徹底

ｂ）幹部会議や内部監査での登録組織遵守事項のチェック

を実施することが必要だと思います。

　これは、認証登録された後の適合性を示すだけでなく、外部に対して認証システムをちゃんと説明できる要員を育てていることにもなり、利害関係者への信頼性向上にも繋がると言えます。

その36
是正処置が顕在化した不適合発生部署だけになっている
【傾向】

①サンプリングの意味が分かっていない

②不適合原因を特定・分析・評価する能力がない

③不適合を直接出した部門が問題と言う雰囲気がある

④問題点を挙げると「言いだしっぺ」になってその後が面倒と言う空気がある

【対策】

　上記①ですが、製品・サービスの検査やクレームだけでなく、外部監査や内部監査、業務の監視、データの分析などで特定された問題点（不適合）はあくまでも「ひとつの事例」と捉えて検討する発想が必要になります。

　つまり、製品、サービス、仕事上の活動一つ一つをしらみつぶしに全て問題なく、正しく、効率的に実施しているのかどうかを監視することは普通に考えれば不可能です。

　また例え監視できたとしても、必ず検出できるかどうかわかりません。また検出できたとしてもその情報が適切な者に伝わらなければ活かされることもありません。

　なお、「問題点」の出現率も検討（例：発生の可能性を想定して検出された時に見直す）しておくことが効率的な監視、分析頻度（サンプリング方法）の手順となります。

　上記②については、その問題点となった仕事と関わりのある仕事との関係が整理できていない可能性があります。

　その際は、問題とその原因の関係を分析・整理する技法を身に付けておくことも必要です。

　また、問題となった想定原因も数多く挙げて、解決策も多数挙げておく事が必要です。ただし、その際にその問題の影響度を考慮して、とりあえずの対処療法策の優先順位が高いのか、根本原因対策が優先されるのか検討して、識別しておく必要があります。そして根本原因対策は積み残し課題として改めて検討する時期を決めておくことです。

　根本原因対策は、手間が掛かり、事業戦略が変われば対策自体は無意味になることがあるので社内事情で後回しにしておくことは問題ありません。

ただ、根本対策を検討して行く過程は要員の能力向上に繋がることを管理者は認識しておく必要があります。
　上記③、④は通常は一般人の典型的なものの見方ではないでしょうか？
　話題が少しそれますが「縄跳びを10人で連続50回やる」と決めて途中で誰かがひっかかった場合は「ひっかかった人が問題」と誰しも思うし、直接ミスをした本人もそう思って責任を感じるでしょう。
　しかし、「必ずそうなのか」と考えればそうではないかもしれません。
　例えば、
１）連続50回の縄跳びに耐えられる体力を持った10人を本当に選定できていたのか
２）縄回し担当の身長と飛ぶ人の身長は考慮に入れていたのか
３）縄回し担当は一定、かつ、跳んでいる10人の状況を見極めた回し方になってたのか
４）跳んでいる人の服装に問題がなかったのか
５）縄回しに入る順番は問題なかったのか
６）飛んでいる人の健康状態や観客の応援体制、参加者へのサポート体制は問題なかったのか
７）縄跳びをしている人達の目標は一致しており、連帯感はあったのか
　などミスをした人以外にも色々な原因が考えられます。
　またその原因も担当業務レベル、管理レベル、戦略レベルで問題を検討すれば対策方法の検討テーマは多岐に亘ります。
　こういった認識を関係者全員が持つことがまずは必要です。
　せっかく問題点を見つけて報告しても管理者が面倒くさがり、

言い出した奴が処置しろよ、と言う組織の雰囲気であれば改善意欲は大幅に減退し、「見つけたらやぶ蛇になる」「言わない方が得」と言う組織体質になるでしょう。

　余談ですが、日常的にアンケートや問合せをした担当者にちょっとした要望を挙げることがありますが、決まり文句として必ず「担当者に伝えておきます」と言うことを言われますが、「本当に活かされているのかなぁ」と感じます。

その37
成功している要因の評価・対策が不十分
【傾向】
①成功したことの評価が現象の評価で終わっている
②成功したことで過信やおごりになっている
③経営者や管理者の技量以上の組織規模になっている
④将来の変化する状況の予測が不十分
⑤将来を見据えた設備投資や人員投資がされていない
【対策】
　傾向①、②ですが、どうしても組織が成功している時は何をやっても上手く行っているので、成功に至った要因を、組織が置かれている状況や自らの能力を含めて冷静に分析しきれないケースが多いです。

　成功している時の状況が、少なくとも「同業他社も同様に伸びているのか」「自社を含めて伸びているところとそうでないところがあるのか」「関連する他業種の状況はどうなのか」などを調査して、その原因を十分に検討しておくことが必要です。

　マネジメントシステム規格で言えば、監視及び測定やデータの分析、マネジメントレビューが特に関係してきます。

傾向③、④は組織が大きくなると「組織規模や経営者や管理者に求められる能力も変わる」と言うことを認識しなければなりません。

　また経営哲学や経営理念がしっかりしていないと、成功により周りにその気にさせられるケースがあるので注意が必要です。

　典型的な踊らされるケースは無駄な設備投資や人員投入です。

　自社をとりまく産業動向の予測を十分に予測して説明できる投資を検討するべきです。

　また各階層や部門に必要な能力も再評価する必要があります。

　艱難辛苦を共にした仲間の能力や経営者自らの能力を冷静に評価して決断することは辛いですが、組織がプラスに前進すると決めたら、「どのような能力が必要になるのか認識して計画的に能力を身に付けるのか」「能力のある人に入れ替えるのか」しかありません。

　日本人は小さい頃から「好き嫌いがあることは良くないことだ」「減点事項を改善しよう」と言う考えを美徳とする思考が身についているので、マイナス要因の分析は比較的十分にされていてその対策も実施できています。

　しかし、マネジメントシステムの運用上も是正処置や予防処置が「不適合や望ましくない状況（またはその恐れ）」についての対応を言っているので、「成功した要因」については取組が不十分になるかもしれません。

　そのため成功している時は、例えばその産業が成長過程にあったり、国の政策のおかげであったりしているのにも関わらず、「全て組織や要員の能力、経営者の才覚によるもの」と捉えてしまいがちですので、「成功要因の十分な分析・評価・対策」が必要です。また、現実を的確に捉えて厳しいことを進言できる内部監査や外

部監査の活用が必要です。

　しかし現実には、組織が成功している時に予測されるマイナス材料を冷静に評価するのは難しいし、厳しい現実を予測してモノ申すのも難しいです。

　「成功しているからこそ現実を直視する」と言う思考が重要です。

その38
認証取得活動が停滞している
【傾向】
①事務局メンバーが大雑把な人間ばかりで構成されている
②事務局メンバーが細かいことにこだわる人間ばかりで構成されている
③取得ありきの発想で活動している
④事務局がリーダーシップを発揮せずに仕事を抱え込む
⑤事務局の監督者に活動状況を適確に報告・相談しない
【対策】

　ここでは「ISOを効果的に活用していない」という「認証取得後の活動」ではなく「認証取得前の活動」について考えてみたいと思います。

　傾向①、②は事務局のメンバー選定についてです。

　事務局は大きな組織であれば取得に関する専属スタッフが、中小企業では日常業務と兼務するスタッフが選任されて、システムの構築活動を行いますが、その際に「どのような者をメンバーにするか」と言う問題です。

　一般的には、「大雑把にものごとをどんどん進める人間」と「細かいことにこだわる人間」の両方のタイプを混ぜておく必要があります。

別の表現で言えば「全体を見渡してシステム構築作業をざくざくっと進めて行くイケイケ体育会系ムードメーカー」と「システム構築について細部を吟味して詳細を作りこむ能力のある論理的思考にすぐれた人」の組み合わせが必要です。

　システム構築作業は、仕組みづくりなので組織にとって「あり得る」ことを想定して「管理を徹底するべきこと」を評価して考慮し、ルールに盛り込む作業となります。

　つまり作業量としては、結果として文書化されたルール以上の議論を何度となく繰り返すことになる道のりの長い作業になります。

　そうなると「認証取得までのとりあえずのゴール」がなかなか見えないと事務局の焦燥感ばかりがつのりやる気がそがれ居心地の悪いプレッシャーばかりに精神状態がなります。

　イメージとしては「ザクザクッと形作りをどんどん進めて、動かしながら細部の修正を加えていく」と言う作業が精神状態の管理上も、タイムリミットがある作業を管理する上でも、事務局の論理的思考能力向上のためにも良いと言えます。

　別の言い方だと「中身は4合目でも形は7合目までさっさと駆け上がる」と言う感覚で作業を進めることが必要です。

　したがって事務局メンバー選定の際に「どんどん作業を進めるタイプ」と「詳細にこだわる論理的思考力のあるタイプ」の両方を含めておくことが重要です。

　傾向③は選定された事務局の立場としては致し方ない面もあります。

　よって、事務局の監督者や経営層が「組織にとって本質的に必要な仕組みづくりの重要性」を認識してバックアップする体制などの環境を整備することです。

　ちなみに、その中のひとつにはコンサルタント選びもあります。

コンサルタントも立場としては「取得させてナンボ」の面があり、組織が「取得すること」ばかりにこだわっていると「役に立てられる仕組みと社員の能力アップ」指導ではなく「どういうことをしておけば認証できるのか」と言う目先の指導になってしまいます。

傾向④、⑤は事務局に選定された人の性格もありますが、
１）他部門に協力要請しても面倒くさがられるので結果として仕事を抱え込む
２）事務局として作業の遅れを明らかにせず、問題を先送りして仕事を抱え込む
３）事務局の価値を上げるために他部門には相談しないで仕事を抱え込む

など「仕事を抱え込む」のパターンがあります。

事務局の監督者や経営者が、事務局の様子を直接チェックしたりコンサルタントより様子を聞いたりしてどの状態になっているのか、それとも予定通り問題のない認証取得状況なのか、監視することが必要です。

もともとの能力以上に事務局に仕事量を与えすぎている時は、管理上の問題であることも組織の管理者は肝に銘じておく必要があります。

話は脱線しますが、コンサルタントはシステムが本質的に組織にとって「血となり肉となる」ために必要なシステム構築に必要な工数が多大に掛かる事を知っています。

しかし、それをダイレクトに組織に伝えて認証取得活動を勧めると「他のコンサルタント会社はもっと簡単に認証取得が出来るような事を言っていた」とか「全部コンサルタントがシステム作りをしてくれる会社もある」とか「組織が取得活動段階でどんど

んサボれることを提案するコンサルタント」になびいてしまいます。

　その結果組織が、「認証取得後はシステムを効果的に使いこなして活かせないせない」と言う状態に陥り、「ISOは使えない」「ISOは難しくて面倒くさい」と言う誤った見方に繋がることになるのです。

その39
顧客や利害関係者とのコミュニケーションが効果的でない
【傾向】
①コミュニケーションの方法は決まっているが訓練がされていない
②コミュニケーションについて苦情対応の手順しか想定していない
③コミュニケーションについて受付る情報ばかりで発信することを想定していない
④コミュニケーションを通じて得た情報を製品開発や新サービスの企画や改善に繋げていない
⑤企業理念や方針が外部に適確に示されず、目標、管理手順に展開されていない

【対策】
　ある情報番組を見ていたら「失敗から学ぶ」と言う特集をやっており、企業不祥事における「ダメな謝り方」が紹介されていました。

　典型的なダメな例は、
１）説明中に明らかに動揺している
２）説明や想定される質問に対する回答が準備不足
３）反省会見なのに笑顔
４）見当違いの回答
　だそうです。

またNHKのこどもニュースを担当していたジャーナリストの池上彰氏によれば、「記者が20代、30代の人が多いから、カメラを通じて誰に謝っているのか忘れてしまっている」政治家や企業の謝罪会見が多いそうです。

　この「ダメな謝り方」の話は、まさに「不祥事に対する社会へのコミュニケーションの方法は決まっているが訓練されていない」の典型的な例です（傾向①）。

　不祥事を起こした際の謝罪や説明責任を果たす方法は決めていても、訓練されていないと余計に不信感を募らせる事になります。

　ISO14001では「緊急事態の対応手順については定期的にテストせよ」と言う要求事項があります。したがって、火災だとか油の漏えいだと言った「環境影響」を緩和し予防する手順のテストは実施する事になりますが、その後に生じる「謝罪方法やその内容・ふるまい」のテストについてはやっておらず、通常は「ぶっつけ本番」になっています。

　「謝罪方法やその内容・ふるまい」についてもテストをしておく事が必要です。

　傾向②、③については組織にとって必要なコミュニケーションの場面の想定です。

　ISOでコミュニケーションに関する要求は「対応しなさい」「効果的な方法を決めなさい」としか規定していないから、まずは「どのようなシチュエーション（状況）でコミュニケーションが生じるのか」また「組織として管理すべきコミュニケーションは何なのか」を検討する必要があります。

　傾向④はコミュニケーションから得られた情報の活用方法です。

　例えば、製品開発や新サービスの企画や改善に必要な市場ニーズや自社の製品やサービスの評判は、アンケートや市場調査を別

途することも重要ですが、日常のコミュニケーションの中からも実は十分情報が収集されています。ただ、その情報を組織として吸い上げ、整理して分析されていないケースが多いので、活用されていないのであれば手順を見直す必要があります。

傾向⑤は組織として立派な企業理念があっても、参考書に出てくるような教科書的な表現の品質や環境方針などでは顧客や利害関係者に対してアピール力がありません。

ある商社では「メーカーとユーザーの間で両者の翻訳家的存在になってユーザーが期待する製品開発をメーカーに促し、メーカーが設計したすぐれた機能性をユーザーに紹介していく」と言う崇高な企業理念を持っていますが、方針や目標として適確に示されていないので顧客や利害関係者へのアピールにとどまらず、社員の仕事に対する自覚の向上面からももったいないと思いました。

コミュニケーションは、「攻めと守り」の側面があるのでさまざまな場面や状況を想定して管理し、バランスよくコントロールすることが重要です。

その40
サーベイランス審査を単にクリアするだけになっている
【傾向】
①サーベイランス審査など認証審査で審査員から学ぶことはないと考えている
②認証機関とのコミュニケーションが悪く期待する審査が提供されていない
③サーベイランス審査で検出された改善の余地をそのまま放置している

【対策】

傾向①、②は認証機関に期待する審査やサーベイランス審査の役立て方について再検討することです。

「認証を受けたんだからサーベイランス審査では指摘がないように審査をクリアしよう」と言う意識で審査を受けるのであれば、資金が豊富な組織でない限り認証サービスは非常に高いコストが掛かる社内行事です。

「日常の業務管理」「内部監査」「マネジメントレビュー」「契約しているコンサルタントの指導」など組織自身で仕事の仕組みを振り返り見直す機会は多々ありますが、そこでは気がつかなかった点を認証審査で気づかされ、自発的に仕組みの改善が促され、より効果的な仕組みに変化させていくことが最大の「審査という場を活かす」活用になります。

審査を受けるたびに、経営者や管理者の発想が広がり、社員のマネジメントシステムに対する理解力や仕事の仕組みの見直し・改善意欲が大幅に高まっているケースは数多く目の当りにしています。

しかし、認証審査を通じてこのような経験がない、またはそもそも期待していないと
１）審査を活かそうと言う発想がそもそもない
２）認証機関や審査員は誰が来ても同じだから認証機関は審査費用で選ぶ
３）認証機関と良いコミュニケーションを取ろうと言う発想がない
とまず考えています。

審査員との挨拶で受審企業が「お手柔らかにお願いします」と「挨拶用語」として他意はなく慣用句的に発している分には問題ないのですが、そうでないとしたら、「審査で余計なことは言うなよ」という事が言外に含まれており、すでに審査や担当審査員

に対して「心が閉ざした状態」になっています。

　審査に対して「心が閉ざした状態」であると審査員も「審査を通じて何かお役に立てたら」と言うような熱意は消えうせ、淡々と「仕事として審査をこなす」姿勢になってしまいます。

　一方、認証審査に対する効用を知っている、または期待している組織のコミュニケーションは抜群です。

　抜群のコミュニケーション例を挙げると、

１）認証審査に対するイメージがしっかりしていて、審査方針や理念で認証機関を選択している
２）認証機関に「期待する審査員像」を明確に伝えており、そのような審査員を派遣してもらっている
３）組織自身では解決しにくい「肝」となっている部分を暗に審査させたり、指摘させるように仕向けている
４）審査員に接する態度に全社員が敵対心が全くない
５）審査員をある意味信頼していて一言一句に耳を傾け、前向きに接している

　などです。

　このような状態でコミュニケーションを認証機関や審査員と取っていると、認証審査での効果的なパフォーマンスが期待できます。

　傾向③については、認証機関や審査員の考え方や報告書の書式もありますが、報告書で推奨事項とされた点や審査の端々で気づかされた点を審査終了後に拾い出して、対応方法やその時期を整理して、「改善チーム」などを設置して対応しておくことが重要です。

　認証サービスは、認証機関の認定基準に縛られている面が業務の性質上あり、とっぴな顧客サービスは認証の客観性や信頼性を損なうこととしてなかなか実施できません。

しかし、認証機関によっては「改善の機会を組織に与えてナンボ」と考えてサービスを実施している所もあり、審査中の口頭コメントをきちんと推奨事項として報告書形式で受審者に伝達してくれる所もあります。

以上のような認識・姿勢でサーベイランス審査を迎える事が、組織の認証目的に合わせて前向きに活用することがポイントとなります。

「認証審査を最大に活かそう」と言う姿勢が、認証機関や審査員のパフォーマンスの向上になり、その結果、社内の活性化に繋がっているケースを見ると、「審査に臨む姿勢の違い（ボタンの掛け違い）」はして欲しくないと思います。

間違ったサーベイランス審査の活用によって認証を維持するだけの高コストなもったいない活用にならないように、組織は管理することが重要です。

その41
原因が「理解不足」ばかりでシステム改善されていない
【傾向】
①是正処置は実施しているが内容が教育・訓練ばかりになっている
②不適合の原因の究明が十分でない
③教育内容や方法がマンネリしていて教育訓練が効果的でない
④管理者の能力が低い
【対策】

是正処置は、「不適合又は望ましくない状況の原因を除去する処置」ですので目的は、「問題点をもとから絶って再発させない」と言うことになります。

しかし問題点が発生した理由を「担当者が規格や業務手順につ

いて理解不足だった」「不慣れな担当者がその業務を行ったため」などにすると是正処置は「理解不足の担当者に対する規格や業務手順の教育訓練」や「不慣れな担当者に対する教育訓練」になってしまいます。

問題点の原因を「教育不足系」にすると、問題点の根本は問題を起こしたその担当者自体にあり、組織の管理上の問題、つまり仕事の仕組みの見直しに言及されることがあまりなくなってしまいます。

問題の原因を「教育不足系」ばかりでなく「なぜ理解不足や不慣れな担当者を仕事に割当てたのか」と言った「業務管理の仕組み」や「業務方法や手順書」の問題と言った「仕組みの不備」の原因の可能性を調査検討する必要があります。

このように問題の原因が「教育不足」ばかりになってしまうのは、
1）問題点の本質が分かっていない
2）問題点の原因を究明する手法が効果的でない
3）問題点の原因を究明する人に能力がない

などが考えられます。

また、通常、実施された是正処置の原因の究明が本質的には不十分である場合は、

a）是正処置において実施した一連の活動のレビュー
b）内部監査

によって監視されるはずです。

しかし、中小企業では是正処置の実施責任者と前記したa)の活動は同一人物であることが多くなかなか「原因究明が不十分」と自らはレビューできないでしょうし、また内部監査では是正処置が手順どおりに実施されていれば、内部監査ではなかなか「是正処置が効果的に実施されていない」と言う判断はしないのが現実

だと思います。

したがって、

ⅰ) 是正処置の実施責任とレビュー責任を分ける
ⅱ) 内部監査の一部を監査の専門家にアウトソースする

などの工夫が必要だと思います。

ただ、注意しなければならないのは、問題点の原因を極端に「仕組みや管理上の不備」にこだわると、マネジメントシステムが重くなりすぎることも懸念されます。

仕事の内容や重要度、要員の能力とのバランスで「仕組みの複雑性」も考慮することが重要です。

その42
小規模組織なのに内部監査手順が複雑

【傾向】

①組織が小規模なのに「年間内部監査計画書」がある
②組織の拠点が1箇所しかないのに「内部監査通知書」がある
③内部監査計画書と内部監査スケジュール表を別々に作成している
④内部監査員の資格維持基準が複雑になっている
⑤不適合のランク分けが細かい

【対策】

「内部監査の目的はなんでしょう？」と質問すると、さすがに「規格が要求しているからです」と言う回答はあまりないですが、真の目的や組織にあった内部監査ルールがどの程度であるべきなのかは理解されていないケースがあります。

組織規模や業務実態を鑑みると、傾向で示したような「この組織にこんなルールが必要なのかなぁ」と首を傾げたくなるような内部監査手順が多く存在します。

まるで認証機関の審査手順のように「手続き書類」が多いのです。

もちろん、監査手順に必要なプロセスは監査計画から監査準備、監査の実施、フォローアップ活動、監査結果の報告や監査員の教育と言った手順がどの組織にも存在する必要があります。

しかし、監査に必要な各プロセスの手続きや書類作成が複雑になるとやるべきことが増えてしまいます。

「内部監査は活かされていますか？」と内部監査員に尋ねると「監査は新たな発見もあって重要だけど書類作成が面倒くさいです」といった声をよく耳にします。

その組織の内部監査書類を見ると、「この手続きで必要な書類はもっと簡素化して効率的にできるのになぁ」と感じるケースも少なくありません。

書類作りが面倒になることより、内部監査自体を運用することに必要以上の工数が掛かるのはもったいないと思います。

傾向①は、組織の業務特性より同一時期には実施できない（例：工事現場の都合）でなければ、「年間内部監査計画書」はなくてもよいと思います。

定期的な内部監査時期は手順書で決めているでしょうし、その年によって内部監査の実施時期が違うのであれば、マネジメントレビューや関連する会議の中でその年度の監査時期を計画してその決定結果を議事録等に残しておけばいいのです。

傾向②は、拠点が1箇所であれば朝礼等で各部門長に監査責任者が伝えれば済みますし、文書で伝えておく必要があるのであれば、関連する会議で監査内容を監査責任者が伝達し、議事録に残しておけばいいでしょうし、メールで被監査部門に連絡する方法でもいいと思います。

傾向③は、監査計画書と当日のスケジュールが別々の様式で作

られているケースですが、合体した様式にすることが望まれます。

一般的には、様式の種類が増えると、その文書管理の手間も増えるので減らす事を検討する発想が必要です。

傾向④は、登録した監査員の力量評価は必要ですが、内部監査員維持基準や記録を複雑にするとその管理が厄介ですし、きちんと管理していたとしてもそれが適切と言えるか微妙です。

内部監査員の力量維持記録は、小規模組織であれば内部監査員リストの更新程度で十分です。必要なのは、良い監査ができる内部監査員に必要な教育と能力を評価できる責任者がいることです。

傾向⑤は、内部監査の監査基準はシンプルでいいです。

つまり「不適合」、「観察事項」、「適合」の3区分で十分です。

認証機関では、不適合が検出された場合、「現地に訪問して是正処置確認する必要がある不適合レベル」と「書面にて是正処置確認できる不適合レベル」を決めておく必要があるので不適合ランクに種類分けをしています。

また、誤字レベルの文書間の不整合など「修正すればよいレベル」の不備にまで是正処置要求をするのは認証審査手続きが複雑になり効果的でないので、指摘区分が色々と存在します。

一般的に中小企業の内部監査の場合は、是正処置期限に差はあるとしても社内の話ですから「書面確認のみ」「現地確認要」などによって不適合区分を分けるのは面倒ですし、「これは重大か軽微か」と定義付けを議論するのもあまり意味がないと思います。

もし、内部監査結果を分析するのであれば、「重大」「軽微」の件数別の分析よりも、「理解不足による不適合」「仕組みの不部による不適合」など原因の内容によって分析するべきでしょう。

しかし、中小企業の内部監査ならではのルール作りも必要です。

例えば、内部監査と言えばかならず、通常の監査をイメージし

てしまいますが、体系的で客観性のある方法であれば別の方法で監査を実施することも可能です。現実的に組織では「内部監査」と位置付けしていないだけで「内部監査に相当させてもよい業務チェック」を実施しています。

例を挙げると、安全パトロール、社内の5S点検などです。

内部監査手順にそれらを体系的に客観性を持たせた形で盛り込むことにより十分内部監査として位置づけることが可能です。

その43
間接部門の業務プロセス改善が停滞している

【傾向】
①経営者の関心事が目先の売上アップ中心に偏っている
②経営者が「問題がなくて当然」の業務について評価が低い
③経営者が業務システムの維持・改善にあまり力を注いでいない
④業務評価の方法が効果的でない
⑤結果の平等性は考慮されているが機会の平等性が考慮されていない

【対策】

事例のようなケースの多くは経営者の考え方に起因するケースが多いです。

社員はサラリーマンですから、よっぽど芯が強く上司に対して意見をどしどし言える社内での立場が確立している人か、逆に上昇志向がとっても低い人でない限り「組織や経営者から認められたい」と言う欲求があります。

しかし評価軸が、売上などに直接的に関連するものが中心であれば、業績が評価しやすく出やすい部門に所属する人の最大の関心事は「売上をどう伸ばすか」になります。

すると売上に直接的に関与しない部門は「決められた仕事をこなしてミスがない事のみ」に注力を注ぐことになります。

本来であれば、売上に直接的に関与しない部門の業績は、決められた仕事を滞りなくこなすだけでなく、「業務効率」や他の部門との関係や役割を考慮して「いかに貢献したのか」を評価基準にしなければなりません。

また「売上」に直接関与する部門も社内の営業戦略を考慮して
１）ルーチンワークで売上が伸びたのか
２）新規開拓業務での売上はどのぐらいか
３）将来に繋がる攻めの営業をした結果なのか、しなかった結果なのか
４）組織としての知見向上に繋がる活動だったのか

など、単に結果のみで評価をする手順にしていると「売上と言うプロセス」について関心が低くなります。

マネジメントされた組織活動をする意味は、継続的な組織運営がされ続けることが重要な要素なので、「結果オーライ」的な発想で仕事を進めることはマネジメント上は有効ではありません。

仮に経営者が「マネジメントシステムやマネジメント能力を向上させて業務に役立てたい」といくら力んでいたとしても、結果として社内運営が傾向で示した状況であれば社員は「業務プロセスの改善」には目がいかないと思います。

終身雇用が保障されていて組織に長く勤めることができる業務環境であり、プロセスの改善活動がきちんと評価されれば「結果も大事だけどプロセスの改善はもっと大事」との考えになりますが、そうでなければよっぽどの愛社精神がなければ自分のためにならないことは社員はやるはずがありません。

日本人は、例えば、運動会の駆けっこで優劣をつけなかったり

する「結果の平等性」は気にしますが「機会の平等性」はあまり考慮していない管理者が多い気がします。欧米であれば「ボスがチャンスをくれなかった」と言う機会の不平等が大問題になります。組織の専門技能に関係する学科を卒業していないと花形部門に就けない組織も多くあると思いますが、その方が、上司は管理が楽だからです。

　学生時代の専門性は、実社会に出てからの数年と比較すれば大して差はないのが普通です。やる気を育て、素質を見出すのが管理者の努めのはずなのですが、なかなかそうなっていないのが現実ではないでしょうか。

その44
会社法で定められている「組織設計」が実態に合っていない
【傾向】
①100％オーナー会社なのに旧商法で定められた名目上の取締役がいる
②株式譲渡制限会社なのに取締役会の有無が検討されていない
③株式譲渡制限会社なのに監査役や会計参与の有無が検討されていない
④取締役会の位置付けがマネジメントシステムで明確にされていない

【対策】
　「会社法」は、
１）商法の出来たのが100年以上前と古く実情に合わない面が多い
２）起業を容易にし経済を活性化する
３）M&Aを柔軟にして国際競争力をつける
４）決算書の信頼性を高める

5）LLPや合同会社により企業同士の連携を強める

といった背景により誕生したと言われています。

会社の成り立ちは、株主が100％オーナーの個人企業や上場企業のように、発展過程において多くの株主や大企業としての社会的意義や存在価値より、公企業としての透明性や信頼性を持たざるを得なくなった企業などさまざまな形態があります。

また株主が100％オーナーであったとしても雇用する従業員が増える、取引先など利害関係者が多くなるなどにより取締役を複数置いて取締役会を構成し、監査役や会計参与を置いて組織の意志決定過程や決算報告書の透明性、信頼性を高める必要性が出てきます。

会社法が誕生する以前は、有限会社法による有限会社を除いて取締役3人以上＋監査役1人以上と言う商法の縛りがあり、特に中小企業では「権限のない名目上の取締役」が多く存在していました。

「取締役会」の権限は法律で、

a）重要な財産の処分及び譲り受け

b）多額の借り入れ

c）重要な使用人の選任および解任

d）支店やその他重要な組織の設置、変更および廃止

e）重要な業務に執行

などが定められています。

例えば、企業の誕生が最近で、株主が100％オーナーである会社であれば、企業が発展し存続できるか否かはスピードが勝負ですから意思決定はスムーズである必要性があります。つまり取締役会は置かず一人の取締役の判断・決定の方が、企業活動が円滑に進められるかもしれません。

しかし、売上が伸びる、従業員が増える、取引先が多くなるな

ど組織の責任が重くなると、個人企業から徐々に公の企業になるべく社内外への透明性や信頼性が求められるので、機関設計を見直す必要性が出てくると思います。

対策としては、会社が現在どの段階にあるのか、「顧客や利害関係者の期待やニーズを明確にする」ことで組織設計をどうするか判断・決定するべきです。

その上で、取締役会を置くか置かないか、取締役会を置く場合は監査役や会計参与を置くか置かないか、などを判断する必要があります。

取締役会を置かなければ、通常は取締役は一人でしょうから「取締役＝経営者」になりますので、経営者にa)〜e)の権限があると考えることになります。

また、「取締役会を置く」場合は、取締役会にa)〜e)の権限が生じますので、マネジメントシステム上もa)〜e)の権限を明確にしておく必要があります。

また、取締役会を置く場合は監査役または会計参与の設置が必須なので、権限をマネジメントシステム上も明確にしておく必要があります。

ちなみに、会社法で定められている取締役会の権限、例えばa)〜e)ですが、まさにマネジメントシステム規格で言うマネジメントレビューでの議題や決定事項になります。

マネジメントシステムの組織単位が本部や事業部毎で構成されるような大企業の場合の取締役会はもっと上位組織になってしまうかもしれませんが、中小企業の場合は取締役会が重要な意思決定の場になると思います。

しかし、多くの企業でマネジメントシステム上は取締役会の位置付けが明確にされていないケースが多いように感じます。

その結果、「ISOのマネジメントレビュー」と「実質的なマネジメントレビュー」（取締役会での審議事項）が生じてマネジメントレビューが形骸化する一因にもなっていると思います。

その45
認証取得後の活動推進体制が計画されていない
【傾向】
①マネジメントシステムを理解せずに取得し取得以後の教育計画がない
②コンサルタントからの指導計画が取得までとなっている
③改善活動に必要な資源が計画されていない
④認証取得すれば自動的に仕組みが良くなると経営者が誤認している

【対策】
　デミング賞や日本経営品質賞などを取得していても数年経過して「取得した当時が、一番組織が活性化していた」といった声を聞くことがあります。

　また、病院機能評価制度のように業界固有の認証制度を取得していても、「ISOを導入したい」と言う相談があります。

　その他にも、コストダウン活動が一時成功しても、その後の継続性が思わしくない組織も少なくないようです。

　これらの例は、それらの取組みを開始した当時が、組織が一丸となって盛り上がり、その後は活動が停滞してレベルアップが図られていないことを意味しています。

　ISOマネジメントシステムは、要求事項の意図を関係者がきちんと理解して、組織に合ったマネジメントシステムを構築していれば、仕事を実施するたびにデータが収集されて分析、評価され、

継続的にマネジメントシステムが向上していくように規格は設計されています。

しかし、「認証」と言う目標を達成すると、関係者の理解度や組織に合った仕事の仕組みがそれなりのレベルに完成した、と錯覚してしまいます。

使い古された言葉ですが、多くの組織は「認証取得した時点でようやくスタートラインに立った」なのです。

結局、たとえ組織の実情に合った仕事の仕組みが構築されていても運用するのは組織要員ですから、各スタッフが仕組みの意図を理解して運用しなければ、業務改善は実施できるはずがありません。

認証取得後もマネジメントシステムが上手く活用されている組織は、もともと組織要員の業務管理能力が高く、認証は単にそれを証明しただけと言う組織か、あるいは認証取得後も継続的に「マネジメント」についての勉強会を実施している組織です。

ISO導入を計画する時点で、認証取得時点の予想される到達度を予測し、その後のマネジメント能力を高めていく活動計画を作成していることが有効な活用の鍵となります。

マネジメントシステムを有効に活用している組織は、「一朝一夕にはマネジメント力は身につかない、継続は力なり」を経営者、管理者がよく理解しています。

その46
管理職のリーダーシップが発揮されていない
【傾向】
①役職に胡坐をかいて部下の仕事を管理していない
②前例を踏襲し、新規業務提案や改善活動に積極的にチャレンジ

しない
③部下の結果のみに関心があり、そのプロセスには関心がない
④部門内の問題点を含む業務環境を把握していない
⑤部門内のコミュニケーションが少ない
⑥業績でマイナス点があると上に上がれない人事体制がある

【対策】

　マネジメントの原則の一つである「リーダーシップ」についての問題点です。

　組織の歴史が長く、その業界・地域でそこそこの地位を築き、社員数も約100人以上いる会社であれば、人事制度、給与制度、業務評価制度などがある程度出来上がっているので、その制度を上手く泳いで管理職になった方が必ずいます。

　そのため傾向に示したような「能力不足」の管理職者が多く存在します。

　しかし、組織に管理職の能力を評価する仕組みがなかったり、あったとしても世渡りの上手さで地位を得ただけあって管理職の上司とのコミュニケーションの取り方が優れていたりすると、なかなか「能力不足」の現状が顕在化してきません。

　また、管理職の能力不足が分かっていても歴史のある会社であれば、組織の各制度が逆に足かせになって、職位の降格や減俸が容易には出来ないこともあります。

　多くの顧客を抱えていたり、大企業の子会社だったり、業界の景気動向が上向きで、管理職の能力とは関係なく業績が右肩上がりの時はいいのですが、能力不足の管理職を放置しておくことはやる気のある部下のモチベーションを下げ能力を伸ばさないばかりか、悪しき社内処世術を踏襲する部下を育成する結果になります。

　まさに「能力不足の管理職」を放置しておくことは組織にとっ

て「百害あって一利なし」です。

普通に考えれば、

1）管理職業務の評価の仕組みの見直し
2）年功序列的人事・給与制度の見直し

などが考えられますが、なかなか数年で変えられるものではありません。

オーナー社長で管理職の首に鈴をつけられるような状況の会社であれば、能力に見合った処遇を下すことも出来ますが、現実問題として難しいです。

考えられる方法としては、

a）管理職を名誉職的立場に棚上げして能力のある人を部門責任者にする
b）数年先を見越して仕事の仕組みづくりと教育を若手に施す

が考えられます。

多くの組織を見てきましたが、

ⅰ）系列子会社で能力不足の管理職が落下傘で降りてくる
ⅱ）ベテランでも、役職と給与に見合った管理能力のない管理職がいる

といった組織は、希望を持った若手社員にとって悲劇です。

管理職が自ら「変わる」意識がまだあればいいのですが、そうでない場合はまずa)、b)の対策を取ってその後、1)、2)に着手できる時が来るのを待つのも「組織を変える」ひとつの方法だと思います。

その47
経営者のリーダーシップが発揮されていない
【傾向】

①社員と同じように営業や製造業務に明け暮れている
②業務多忙で「考える」時間がない
③市場規模、競合シェア、自社の成長率など自社を取り巻く状況を把握していない
④売上は「気合と根性」が大事との発想で営業戦略が不足している
【対策】

　ISOマネジメントシステム導入の効用は色々とありますが、経営者をはじめ社員が自社の強みや弱み、事業機会、事業リスクなど取り巻く状況を把握して、適切な経営戦略を計画し、実行し、その経過から反省をして持続的に成長し続けることが可能な点です。

　しかし、組織の最高司令官である経営者が傾向で示したように「自社の状況分析」「分析結果を基にした仕事の仕組み」を考える時間がないと羅針盤のない航海のようになってしまいます。

　経営者は、「教師」を例える時に使われる「教師五者論」と同じで、

1. 役者・・・経営にストーリー性を持たせ、社員に知的好奇心やモチベーションを原動力とする自発的で自律した業務活動を推進させる
2. 医者・・・社員それぞれの不得意な業務や分野を見抜き、対策を施さなければならい
3. 易者・・・社員それぞれがもっている長所を見抜き、それを育てなければならない
4. 学者・・・自ら学ぶ者にならなければならない
5. 芸者・・・時には社員をおだて、なだめ、相談してみようという気を起こさせる

　であると思います。

　リーダーの役割であるリーダーシップとは組織が進むべき正し

い解答を社員に与えることではなく、経営はリーダーも含めて誰にも簡単な解答が見つからない難問だからこそ、リーダーシップが必要になるのです。

したがって経営者は、
1）ビジョンを明確に打ち出し、その方向に社員の意識を向ける
2）社員一人ひとりが自分の強みを発揮して、全社員が一丸となって全力投球する状態を作り出す
3）やり抜く執念と情熱を持ち続ける
4）継続して社員の育成を行う
5）常に業務上のピンチ、緊急事態を想定して対応を考えておく
6）信頼感を築く（話してみようという傾聴力、考えさせる質問力、気づきを支援する指摘力）

が必要になります。

マネジメントの決定は最終的には経営者です。

組織の継続的な成長のためには、経営者がおのれを知り、自らを律することが出来なければならないのです。そのために外部に信頼できる相談者を求めることも必要です。

第4章：ＩＳＯ認定認証制度の正しい運用
　　　　（認証機関）

その48
認定審査と認証審査の違い

　ネット検索で、「認定機関と認証機関」と検索ワードを入れると、日本適合性認定協会（JAB）のウェブサイトが検索トップに出てきます。

　JABの「よくある質問」では、「認定と認証」について、以下のように説明されています。

（以下、JABウェブサイトより引用）
　国際的な適合性評価の世界では、「認定(accreditation)」と「認証(certification)」という用語を明確に使い分けています。

　これらの用語の正確な定義は,ISO/IEC 17000「適合性評価－用語及び一般原則」によりますが、「認定」とは、ISO 9001やISO 14001などのマネジメントシステムの認証(審査登録)、要員/製品の認証、試験、検査等を行う機関の活動が国際的な基準に従い、公平・透明に行われているかどうかを審査し(認定審査と呼びます)、公式に認め、登録することをさします。

　認定審査ではそれぞれの機関に対する要求事項を定めた国際規格(ISO/IEC規格又はガイドなど)を使用して認定審査を行います。同時に認定機関に対する要求事項も国際規格で定められており、認定機関はその要求事項を遵守することが求められます。

　一方、「認証」は、マネジメントシステム、要員、製品に対し

それぞれの要求事項を定めた規格に合致しているかどうかを第三者が審査し登録する仕組みをさします。認証はその対象で大まかに次の3つの分野に分類されます。

1.マネジメントシステム認証

　組織(企業等)のシステムがISO 9001やISO 14001などのマネジメントシステム規格に適合しているかを第三者機関が審査し、証明することをいいます。組織は該当するマネジメントシステム規格の要求事項に適合する自組織(自社)のマネジメントシステムを構築し、それを第三者機関である認証機関から審査してもらいます。

2.要員認証

　たとえば溶接技能者など、人の技量が要求される分野において、その仕事を行う人が必要な力量をもっていることを第三者機関が証明することをいいます。ISO 9001、ISO 14001、ISO 22000の審査員の評価登録も要員認証のひとつの分野といえます。

3.製品認証

　特定の製品がその製品の仕様を定めた規格(製品規格と呼びます)に適合しているかどうかを第三者機関が評価し、証明することをいいます。

(引用、ここまで)

　1国1機関が原則となっている日本の認定機関であるJABの説明は、上記の通りです。

　私の理解を追加すると、

◆認定機関の役割は、認証機関が実施する認証に、偏りがあったり、不正確であったりしては、いろいろと不都合なことが生じる。そこで認証機関の信頼性を評価する役割がある。

（1国1機関が原則なので、公平性、客観性が担保される）
◆また、認定機関の最終製品は「公開情報」であるので、公開情報の適合性評価のプロセスが認定審査となる。
（認定審査は、機関のMSの改善につながる有効性審査を目指すものではない）
◆一方、認証機関は、組織がISO規格等の基準に対して、対象となる製品・サービス、プロセス、活動が、適合していることを評価する役割がある。
◆また、認証審査は、組織の適合性を評価するとともに、組織からは、マネジメントシステムの改善につながる有効性審査も期待されている。

といったことが言えるのではないかと思います。

ちなみに、小耳に挟んだ情報なので、正確ではないかもしれませんが、ここ数年、日本企業の不祥事のニュースが数多く発生しています。

しかも、日本の各産業を代表する主だった組織は、顧客や利害関係者など市場や社会に対して説明責任を果たし、客観的な信頼性を向上させるためのツールと証明として「ISOマネジメントシステム規格の認証」を取得しています。

そのため、企業不祥事が報道されると、多くの場合「ISO認証取得企業」であることが多いです。

しかしながら、経済産業省では、組織の企業統治や提供製品、サービスのマネジメントシステムの信頼の証であるはずのISO認証を多くの組織が取得しているにもなぜ、長い間不祥事が未然に検出され、改善されなかったのか？　と考え、認定機関や認定機関を通じて認証機関に「これまでの審査（認定、認証審査）の適切性を検証せよ」という指令が出ているようです。

ただ、これを言っては身も蓋もありませんが、私の知る限り、現状の認証審査は、性善説で審査をしており、いわゆる「捜査型」の審査は原則、実施していません。

また、認定審査では、国際基準に基づく認証機関に要求される基準文書に基づき認定審査をするので、完璧な認定審査を実施して、かつ、すべての認証機関が基準文書に完全に適合した認証機関運営を日常的に実施していたとしても、多くの組織不祥事は、認証審査を通じて検出されることは稀でしょう。

認証機関に対する要求事項に、例えば、

「内部通報制度とその情報の活用」とか「組織に対する非通知審査の実施」

といった要素を加え、認定機関は、その要求事項を有効に運営できた審査ができているかどうかを、認定審査や場合によっては非通知による認証審査の立会認定審査の実施、といったことを最低限しなければ、経産省が期待するような成果は、現状のISO認定・認証制度で実現することは難しいだろう、と思います。

その49
不祥事報道に対するISO認証の取消と一時停止

最近の報道では、著名な大企業において製品検査データの改ざんが頻発しました。記憶をたどれば、耐震・免震系製品、金属製品、自動車の燃費、杭打ちデータ……など枚挙にいとまがありません。

また、数年前であれば、工業製品製造業や建設業だけでなく、食品業界における食品偽装などもありましたし、サービス業では、保険業界における不払い問題もありました。

さらに、事故、犯罪報道を含めれば、通販会社の物流倉庫火災、

データセンター火災や不正会計などもあります。

こうした不祥事等の報道があると、認証機関は、
・認証組織か否か
・認証組織に該当する場合は、登録範囲か否か
といったことを調査します。

少々感覚的な話となりますが、2000年以前であれば、事故や犯罪に関する組織不祥事の報道があっても、「認証しているのは品質マネジメントで仕組みの保証だから」とか「虚偽報道と環境マネジメントは関係ない」といった概念を持つ人も関係者の中には多かった気がしますし、世間のISOマネジメントシステム認証における社会的な位置づけや期待もそんなに高くなかった気がします。

しかし、昨今では、少なくとも企業にまつわる不祥事等の報道があると、認証機関はもちろん、世間一般の人も、ネットで検索して、その企業がISOマネジメントシステム認証を受けているかどうかをチェックしています。

その結果、その企業が、ISO認証に関係がある（厳密には、認証対象外の業務であっても）となると、ネットでは、「ずさんな管理で事故を起こした〇〇企業はISO取得企業だった」といった情報もよく飛び交っています。

話を少々認証機関に戻しますが、認証機関では、不祥事等の情報を入手すると、認証の取消や一時停止に相当する事象であったか否かの情報収集を実施し、その程度により臨時審査を実施して、認証登録の取消や一時停止、認証継続の審議をする仕組みとなっています。

ただ、機関の考え方もあるので、一概に「おかしい」とは言えませんが、例えば、「検査データ改ざん」の問題があると、機関が認証に与える影響を「品質マネジメントシステム」と決めてか

かって議論を進めているケースがあります。

確かに、この事例でいえば、検査データそのものは「製品品質保証情報のひとつ」ではありますが、厳密に言えば、検査データ不正により、製品の再製作や改修工事が発生すれば環境影響も発生します。

また、「優良誤認」に該当すれば、景品表示法が関係してくるかもしれませんし、不祥事等の根本原因が組織ガバナンスやコンプライアンス意識の欠如にあるならば、情報セキュリティ、労働安全衛生などのマネジメントシステムへの影響もあるかもしれません。

いまや、ISOマネジメントシステム認証は、企業間取引の「BtoB」だけでなく企業対消費者間取引の「BtoC」としても社会的な意義を果たしています。

したがって、会計不正や事故といった一見、提供する製品・サービスには直接関係ないと思われる問題であっても、他のマネジメントシステムの認証に及ぼす影響に関して調査する必要性が認証機関には求められるでしょうし、世間一般も「組織マネジメントの問題が関係しているのでは？」という観点でチェックしていくことが、ひいては、認証企業の価値向上につながるといえるでしょう。

その50
ISO認証制度：登録範囲の表記と産業分類

JABに認定されているISO審査登録機関（認証機関）は、登録証に記載する登録範囲の表記について、ISO9001（品質マネジメントシステム）、ISO14001（環境マネジメントシステム）については、原則、NACEコード（経済活動分類）に基づいて、産業分類が特定できる表記で登録証を発行しています。

すると、知人から「このような表記も議論の余地があるよね」という連絡をいただきました。
　具体的な組織と登録表記を詳細に紹介すると差し障りもあるので、若干編集していますが、次のような事例です。

事例1：
・登録組織A
・登録表記：
　1）住宅の開発・設計
　2）住宅の住宅ユニットの製造及び部材の調達
　3）住宅の設計管理、生産管理、施工管理、アフターサービス管理
・産業分類：6（木材等）、17（基礎金属、加工金属）、34（エンジニアリング等）
事例1の検討事項：
　3）は、1）、2）を管理する組織内部のプロセスで市場に提供する製品・サービスではない可能性

事例2：
・登録組織B
・登録表記：
　1）電気制御システムの設計及び施工
　2）産業機械の設計、製作及び据付
　3）電気制御システムに関する装置の製作
・産業分類：18機械、装置、28建設
事例2の検討事項：
　3）は、産業分類19が必要となる可能性

事例3：
- 登録組織C
- 登録表記：
  1）防火水槽の据付及びアフターサービス
  2）自動ドア装置、高速シャッター、防排煙設備の据付、保守点検及びアフターサービス
- 産業分類：17（基礎金属、加工金属）、28（建設）

事例3の検討事項：
「保守サービス」が単独の製品・サービスであるならば産業分類「23（33.1）」（その他の装置の修理業）が必要

事例4：
- 登録組織D
- 登録表記：「住宅部材の製造及び出荷」
- 産業分類：6（木材等）、16（コンクリート等）、17（基礎金属、加工金属）

事例4の検討事項：
「出荷」は組織のプロセスであり登録表記としては不要の可能性

事例5：
- 登録組織E
- 登録表記：
  1）造園工事(公共工事に限る)
  2）土木構造物の施工(公共工事に限る)
  3）緑地維持管理業務(公共工事に限る)
  4）指定管理者業務

・産業分類：28（建設）、35（その他専門サービス）

事例5の検討事項：

「指定管理者業務」は「発注形態」であり、具体的な製品・サービスの表記が必要

　これらの事例は、ほんの一例ですが、登録組織のウェブサイトと照らし合わせてチェックすると「登録範囲の表記」に懸念があるもの、「産業分類」に懸念があるものがあることが分かります。

　実際には、組織の状況や認証機関の登録表記や産業分類の考え方をお聞きしないと適否の判断はつきませんが、少し気になるところです。

　なお、「登録範囲の表記と産業分類」は、

・市場や社会に対して登録組織の情報を正確に伝える

　という目的があることには間違いがありませんが、もうひとつ、認証機関の認証プロセスを評価する上で重要なことがあります。

　それは「組織審査担当している審査員の力量」です。

　詳細は省きますが、審査員の力量は、産業分類と連動して規定しているケースが多いので、「その組織審査に適切な審査員が配置されていない可能性」があることも認識しておく必要があるでしょう。

その51
ISO認証組織に対する一般からの苦情

　日本企業が、ISOマネジメントシステムを最初に認証されてから、約30年が経過しました。

　今の時代、社会経験がある方なら、「ISO」ということばを聞いたことが全くない、という人はほとんどいないのではないでしょ

うか。

　仮に20歳で社会人として働きだしたとすると、現在の多くの会社の実質的な定年は65歳ですから、ISO取得が日本の企業で始まって30年とは、ざっくり言って「50歳以下の人」の多くは、社会人になった時から、ISOという言葉を耳にして仕事をしており、自分の組織にISOに基づくマネジメントシステムが整備されていた人も多いでしょう。

　ただ、ISOに基づくマネジメントシステムの整備や運用、改善は、いわゆる「ISO事務局」が担っているケースが多く、本来、日常的にISOで整備されたマネジメントシステムによって社内業務を実施しているはずなのですが、「ISOマネジメントシステム認証制度」自体の理解は、分かっていない人が殆どでしょう。

　「ISO認証制度は、基本的に、BtoBビジネスに不可欠だ」という人もいて、「BtoCビジネス」には、「向いていない」という人も業界にはいます。

　確かに、ISO認証制度は、「1個1個のモノの品質や性能を保証」する制度ではなく「顧客要求事項を満たした製品（サービス）を作り出す仕組みの能力を保証」する制度です。

　したがって、何千個、何万個の部品や製品を取引する場合、瞬間最大風速的に品質が安定しているだけでは何の意味もなく、閑散期も繁忙期も関係なく、継続的な品質の安定性が求められるので、その証拠として「ISOマネジメントシステムにおける認証」が取引の条件となるわけです。

　一方「BtoC」の場合は、毎日、かつ、大量に需要しているわけではないので、

・問題があった場合の対応、対処力
・再発防止の確実さ

といったことよりも、「ブランド力」とか「価格」「世間の評判」といったことが「購買動機」となるのでしょう。

つまり、「期待する品質を常に維持するための仕事の仕組み」ということについては、ほとんど関心がない、のではないかと思います。

話は少しそれますが、業界の仲間と話していて、認証機関に寄せられる「認証組織に対する苦情」としては、

・不動産業
・建設業

が多いようです。

ニュースでは、大手メーカー各社の検査データ改ざん、食品産業における異物混入……などがすぐに頭に浮かぶ不祥事ですが、こうした企業に関する一般の人からの苦情は意外に多くないようです。

私の感覚からしたら、上記のようなニュースになった組織の認証について、

・なぜ機関が実施した認証審査で不正は見つからなかったのか？
・組織の内部監査は機能していたのか？　また認証機関はそれをしっかり検証していたのか？

といった不満や疑問を担当認証機関に一般人が「苦情や問い合わせ」をもっと寄せてもいいのではないか、と思いますが、現実的には、ほとんどないそうです。

その一方、例えば、

・自分の住んでいるマンションの大規模改修に関するもの
・自分の住んでいるマンションの更新契約に関するもの
・近隣（土木、建築）工事に関するもの

といった苦情や問い合わせは、結構あるようです。

少し話題の切り口を変えますが、こうした「不動産会社や建設会社」に関する苦情について、認証機関では、
・苦情のあった業務は認証対象外業務である
・苦情のあった業務は認証対象外部門の業務である
・近隣トラブルであり、組織に責任はない
といったように、感覚的には、「認証外である」「認証機関には関係がない」といった処理をしているケースが多い気がします。

確かに、「業界人」からすると、そのような機関の判断に誤りはありません。

しかし、苦情申し出者にとっては「納得いかない」「腑に落ちない」と感じているケースも多いようで、その後も、何度も機関に同じ件で問い合わせをしているケースもあります。

ただ、そう何度も問い合わせをすると、認証機関側は「クレーマー」として認識します。

例えはガラッと変わりますが、日産のゴーン元会長の逮捕の際に問題になった「有価証券報告書の役員報酬」です。

私たち、一般の素人からすれば「なぜ、監査法人は何年も見逃していたのか？」と思います。

しかし、報道では、「役員報酬の記載に関しては監査対象外」との話があります。

「会計監査の世界」では、そうなのかもしれませんが、やはり、私たち一般人からすれば、「なんで、監査対象外なんだ、対象外ならなんのための会計監査なんだ」と思うわけです。

会計監査の世界は、門外漢なので、コメントを控えますが、マネジメントシステム認証の世界について、現状では、機関は、
「監査に瑕疵はない」
「監査対象外なので、これ以上の問い合わせには答えかねる」

との判断になってしまうのは当然です。

ただ、一般人のマネジメントシステム認証に対する期待や信頼性アップのためには、例えば、

・認証範囲（製品、部門）の捉え方（限定はできるだけ認めない）
・苦情や問い合わせに対する公表制度の充実

といったことにも目を向けていく必要があるのではないかと思います。

その52
公平性について諮問する委員が利害関係者を代表している基準

組織のマネジメントシステムを評価する認証機関に、公平性が求められることは当然です。

言わずもがなですが、認証機関が、公平性を欠くような組織運営をしていれば、その認証機関が発行した「認証書」の信頼性が世間的に損なわれるのは必至です。

認証機関に対する要求事項として代表的な規格に「マネジメントシステムの審査及び認証を行う機関に対する要求事項」（ISO/IEC 17021-1：2015）があります。

この規格では、

（規格から引用）
「認証機関の公平性に対する脅威の発生源としては、所有、統治、マネジメント、要員、共有資源、財務、契約、教育・訓練、マーケティング、及び売上手数料の支払又は新規依頼者紹介に関わるその他の誘引条件に基づくものが挙げられる」
（引用ここまで）

と規定されています。

つまり、わかりやすい事例としては、認証機関に相当数の顧客を紹介する「顧客紹介者」がいる場合、一般論として、何も管理策を施していなければ、顧客紹介者の顔色を見て認証業務を実施することになり「認証活動が公平性を欠いている」と考えられるでしょう。

最近の世の中は、会計監査法人やISO認証機関に関わらず、一般企業でも「利害関係者からの金品の受け取りは遠慮させていただきます」とウェブサイトで明確に宣言している企業が多いですが、これも、「分け隔てなく公平、公正な仕事をする」ことを方針としていれば、具現化するための方策なのでしょう。

話は変わりますが、第一次安倍内閣当時の安倍首相の事務所に、拙著を献本したことがありました。

すると、安倍事務所からお手紙とともに献本が返送されてきて、趣旨としては「公平な政治活動を実施するためにすべての方からの提供物の受け取りを遠慮させていただいております」の文書が添えられていました。

他の政治家の方からは「献本いただきありがとうございます。参考にさせていただきます」旨のお礼状があったのですが、安倍首相は、要は「受け取り拒否」だったので、「清廉潔白な方だな」と当時は感心した思いがありました。

（※森友、加計問題の報道を見ていると、なぜ、国民から公平性に疑念を抱かせる政策決定をしてきたのか不思議でなりません）

話を認証機関に戻しますが、認証機関では、公平な組織運営を実現するために、「利害抵触に関連するリスクを現状に即して特定し、分析し、評価し、対応し、監視」をしています。

また、そのリスクアセスメントプロセスにおいて、「透明性及

び一般社会の認識を含む公平性に影響する問題について助言する適切な利害関係者の特定及び適切な利害関係者への諮問を含め、いずれかの利害関係者だけに偏らない」ように注意しながら「委員会」を構成しています。

　一般的に認証機関は、公平性担保のための諮問機関として委員会を構成し、構成メンバーは、政府機関、産業界、NGO、学識経験者、消費者から選出しているケースが多いようです。

　個人的には、こうした委員に選出される方は、公職や民間組織の要職を多数兼職していることが多く、「本当にその利害関係者を代表しているといえるのか？」という疑問が生じるケースがあります。

　よいアイディアは持ち合わせていませんが、兼職する業務比率などより「この利害関係者を代表している」といえる「外部から疑義を生じさせない基準」を認証機関はもっと明確にしてもよい気がします。

その53
ISOマネジメントシステムと事業プロセスと統合

　品質マネジメントシステム規格（ISO9001）と環境マネジメントシステム規格（ISO14001）が2015年に大幅に改定され、その改定の中核的なひとつとして「事業プロセスとの統合」という思想があります。

　ただ、このことが規格で明確に記述されている要求事項は「リーダーシップ及びコミットメント」に「トップマネジメントが、要求事項を組織の事業プロセスに統合することによってリーダーシップとコミットメントを実証しなければならない」ぐらいです。

　「事業プロセスとの統合」の意味するところは大きく、大変重

要な変更点です。

では、「要求事項の事業プロセスへの統合」とは何をどんな意味として考えればよいのでしょうか。

この場合の「事業プロセス」とは、簡単に言えば、

「組織で実際に運用されている仕事の流れを、規格の要求事項と対比して、組織で実際に運用しているプロセスの中に組み込んで適用してください」

ということです。

今までISOを構築・運用する中で問題となってきたのが、ISOの規格要求事項に適用させるために構築されたマネジメントシステムと組織の実際の運用が整合していないことです。

例えば、「教育訓練」に関して、「教育ニーズを明確にして、教育訓練結果を記録に残す」という要求があれば「ニーズを明確にしたものとして力量表」を作り「記録として教育訓練実施記録」を作るとします。

もちろん、明確な文書類がこれまでいっさい存在しなかったような組織や規格の意図として不足している部分を補う目的で、ISO規格に適用させる形で新規にこうしたものを作ることはやぶさかではないです。

しかし、しっかりした組織であれば、部門の役割を明確にした職務分掌規定や業務に必要な資格リスト、教育を実施すれば議事録等があります。

こうしたもので事足りていたのに、新たに「ISOに合わせて」力量表や教育記録を作れば、それは、「実態とかけ離れた運用」となり形骸化することは必至でしょう。

つまり、マネジメントシステムの形骸化を防ぎ、有効な運用をするために、ISO規格の要求事項を組織の実際の「事業プロセス」

に組み込む必要がある、というのが2015年版改訂規格に込められた熱く強いメッセージなのです。

　ただ、「事業プロセスとの統合」といっても、正直に言えば「この程度の話」なのです。

　つまり、現状「ISOマネジメント規格を経営マネジメントシステム規格として過度に期待することは無理」、要は、「会社の事業そのものと統合することはできない」のです。

　例えば、企業は生き物ですから「現在の主力製品が金属加工」であったとしても、社会環境の変化とともに「プラスチック加工業」や「金属部品組み立て業」あるいは「モノづくりから離れた全く違う業態」に事業の軸足を移していくのが企業経営です。

　しかし、ISOマネジメントシステムの場合（特にISO9001）は「適用範囲を決める」……要は「適用する製品・サービス（品名やプロジェクトではない）を特定してからマネジメントシステムを構築・運用」することになります。

　つまり、「対象としている製品・サービス以外の新規事業プロジェクト」については、現在のISOマネジメントシステムでは「適用条項がない」のです。

　「適用範囲」を決める前の活動として「組織及びその状況の理解」や「利害関係者のニーズ及び期待の理解」という要求があるので、実際の組織経営では、「（全く別の）新規事業プロセスを開発するプロジェクト」を検討・決定する活動を適用させればいいでしょう。

　ただ、実際には、「その新規事業はある程度、実績が出てから適用範囲としてマネジメントシステムに組み込むとするか」という話になるのが通常ですから、「ISO規格の要求事項外の活動」となるわけです。

　新規事業について、「社運をかけて実施する」場合は、例えば、

営業戦略としてターゲットをどこにするかとか、技術開発はどこと組むかとか、生産拠点は、現状の自社国内工場を再編する、あるいは国内製造委託先を新たに開拓するとか、この事業に投資してくれそうな会社と合弁工場を作るとか、国内はコストが高く為替リスクもあるから、生産拠点は海外自社工場にするとか、現地法人を作るor海外生産委託先を開拓する……などさまざまな「事業戦略・計画」があります、会社としては「非常に重要な仕事」です。

　しかし、「事業プロセスとの統合」は、あくまでも「適用範囲を決めた以降」のプロセスなので、「適用範囲を決める以前の（重要な）事業活動」については、規格要求事項の範疇外になってしまいます。

　環境マネジメントシステムの場合は、「環境側面」に環境側面を特定するプロセスに「新規のプロジェクト」云々が少しでてくるので、「会社の業務すべて」をマネジメントシステムに組み込む（完全な事業プロセスとの統合）ことは可能かもしれませんが、ISO14001も基本は、「適用範囲を決めてからスタート」なので、「完全に会社経営とマネジメントシステムを一致させること」は難しいでしょう。

　いわずもがなかもしれませんが、現状のISO規格でいう「事業プロセスとの統合」とは、「会社経営そのものと一致」というレベルではなく「適用範囲（事業領域）を決めた範囲における事業プロセスとの統合」という意味であることを理解しておくべきでしょう。

その54
ISO認証の移転と受入拒否

　ISO認証制度が日本で始まって、ざっくりですが、30年近くが

経過しようとしています。

　純粋な日本法人の認証機関が立ち上がった頃は、この制度は、一部の大手企業のみが必要とする制度かと思いました。

　しかし、メジャーな規格である品質マネジメントシステム（ISO9001）や環境マネジメントシステム（ISO14001）だけでなく、情報セキュリティ、労働安全、アセット、エネルギーなど他のマネジメントシステム規格の開発や食品産業、航空宇宙産業、情報通信、交通産業などといった産業別規格も開発され、市場規模は広がり、認証機関の数も増えました。

　また、認証から30年近く経過した組織も増え始め、認証コストの削減や認証審査のマンネリ化対策といった認証機関の変更を望む組織の声も高まってきました。

　認証機関を移転するとなると、そこにルールがなければ「登録審査からスタート」となってしまい、正当な理由によって移転したい組織の自由が制限されます。

　そこで、「認証機関を移転する場合のルール」（IAF MD2:2017）が、設けられています。

　例えば、移転を受け入れる側の認証機関は、以下について文書レビューをすることが求められています。

（以下、IAF MD2:2017より引用（抜粋））
◆顧客の認証が、発行元認証機関及び受け入れ側認証機関の認定された範囲に含まれていることの確認
◆発行元認証機関の認定された範囲が、その認定機関のMLAの範囲に含まれていることの確認
◆移転を希望する理由
◆認証の移転を希望するサイト（一つ又は複数）が、有効な認定

された認証を保有していること
◆初回の認証又は直近の再認証審査報告書、及び最新のサーベイランス報告書、それらから明らかになるであろう全ての未完了の不適合の状態及び認証プロセスに関連する他の入手可能な関連文書。これらの審査報告書が入手できない場合、又は、サーベイランス審査又は再認証審査が、発行元認証機関の審査プログラムの要求に従って完了していない場合、当該組織は、新たな顧客として扱わなければならない
◆組織が受けた苦情及び取った処置
◆審査計画及び審査プログラムの策定に関連する考慮事項。可能な場合は、発行元認証機関によって策定された審査プログラムをレビューすることが望ましい。
◆法令順守の観点からの、認証範囲に関連する、移転する顧客と規制当局との現在の関わり
（引用ここまで）

　少し専門的な話になりますが、移転のルールが最初にできた当時は、簡単に言えば、
・発行元認証機関が認定されており、受入認証機関の認定範囲であること
・発行元認証機関の審査で指摘された不適合の是正処置が完了していること
程度が、移転の条件でした。
　しかし、受入する認証機関は、自らの責任で移転を受入し、認証書を発行することから、発行元認証機関の登録に有効があるか否かもレビューして受入することが求められるようになりました。
　つまり、例えば、登録されている適用範囲が確実に審査されて

いるということに確証が持てない、ということであれば、受入認証機関は「うちでは、このまま受け入れすることはできない」という判断をすることがあり得るということです。

もう少し具体的に言えば、
- 複数サイトの組織で、主要なプロセスを実施しているサイトの審査が1認証周期で実施されていない
- 工事現場や調査現場、清掃現場といった一時的サイトでの審査が全く実施されていない

という事実が判明すれば、発行元認証機関が、世界的に著名な機関であったとしても、「登録の有効性の観点から受入れできない」という判断になるはずでしょう。

登録組織が、もっと自社のマネジメントシステムを向上させたい、などといった前向きな気持ちで認証移転を希望しているのに、このようなケースで、移転申請先認証機関から受入されないケースがあったとしたら、「お気の毒さま」としかいいようがありません。

私見ですが、自らの組織の業種特性や特徴を理解して、確実な審査が実施されているか、組織自身もチェックする能力を身に付けておくことが必要だと思います。

その55
「一時的サイトのサンプリング」について

ISO認証機関に対する要求事項に、IAF MD 1:2018（複数サイトの組織が運用するマネジメントシステムの審査及び認証のためのIAF基準文書）があります。

この基準文書では、

「3.2.1 組織のマネジメントシステムに含まれる一時的サイトは、

マネジメントシステムの運用と有効性の証拠を提供するため、サンプリングに基づく審査の対象にしなければならない」

という規定があります。

本社サイト以外に、営業所や配送センターなど、つまり「常設サイト」がある複数サイトでかつ、業務の類似性等よりサンプリングできるサイトの場合、一般的には、

◆初回審査：サイト数の平方根の切り上げた整数
◆サーベイランス審査：サイト数の平方根に0.6を掛けた整数
◆更新審査：サイト数の平方根に0.8を掛けた整数をサンプリングすることが規定されています。

また、サイトサンプリングが適切でない複数サイトの場合は、

◆初回審査と再認証審査⇒すべてのサイトを審査
◆サーベイランス審査においては、サイト数の30％（整数に切り上げ）を暦年中に網羅しなければならない

と規定されています。

このように「常設サイト」の場合は、「IAF MD 1:2018」の規定はわかりやすいです。

ただ、この「IAF MD 1:2018」には、建設現場やイベントの開催といった「一時的サイト」や通販サイトなどの「仮想サイト」が複数ある場合のサンプリング方法については、（※個人的見解ですが）明確な規定がされていません。

業界の知り合いに質問しても、

「常設サイトと同様の考えでサンプリングすべきでは？」

という人がいれば、

「一時的サイトなどは、認証機関の判断でサンプリング数を決めればいいんじゃない」

という人もいて、業界の専門家でも意見が割れます。

一時的サイトのサンプリングについて、常設サイト同様にサンプリングする場合は、
「一時的サイトのサイト数」
をどのように考えるべきか、が焦点になります。

　常設サイトは、新設、廃止といったサイト数の変化はあるものの、「審査時点の常設サイト数」は確定しやすいです。

　しかし、一時的サイトは、一時的サイトの設置期間が、大規模建設工事のように数か月から数年に亘るものであれば、「審査時点の一時的サイトの数」を特定しやすいですが、「機器の修理やメンテナンスサービス」といった業務であると「一時的サイトの数」は膨大になります、サイト数の特定も難しいかもしれません。

　また、一時的サイトのサンプリングは「認証機関が適切なルールを設けてサンプリング数を決めればいい」方式である場合は、「どのような一時的サイトの業務を現地訪問の対象とするのが適切か、またその頻度はどうするべきか」
という点が焦点になると思います。

　要は、「一時的サイトをどこか、とりあえずどこか見ておけばいいよ」ではなく、
「マネジメントシステムを認証する上で、代表的な一時的サイトは何か、また、業務頻度は低くても、どのような一時的サイトをサンプリングするべきか」
を機関は決めておきましょう、ことになると思います。

　一時的サイトのサンプリングについては、感覚的には、ほとんどの認証機関が、「後者」の方式を採用していると思います。

　その場合、「どのような一時的サイトをサンプリングするべきか」を、例えば、産業分野ごとにある程度決めておくことが、マネジメントシステム認証の信頼性向上のためにも必要なことは言うま

でもないでしょう。

その56
監査のバラツキが許される部分と問題ない部分

　ある組織からの依頼で内部監査員に対する研修会を実施することになりました。

　組織からの主な依頼は、
・監査がマンネリ化しているので何とかして欲しい
・監査員の質にバラツキがあるので、レベルアップを図りたい
・監査が適合性中心になっているので、業務改善やプロセスの有効性に繋がる監査にしたい
　といったものでした。

「監査がマンネリ化」「有効性の監査ができていない」という課題は、多くの組織の悩みで、このコラムでも、なんどかこうした課題についての解決の一手法は紹介させていただきました。

　ここでは「バラツキ」について、少し考えてみたいと思います。

　当たり前の話ですが、例えば、野球の試合で、審判の判定がバラついたら大問題だ、と誰もが思うでしょう。

　これを監査に例えて考えると、「バラついたら大問題だ」の「バラつくことはダメ」の部分を分解すると、バラつきには種類があることに気づきます。

　回りくどいことは止めて、
「バラつきが許されないもの」と「バラつきが許されないもの」
　を以下に分けてみます。
【バラつきが許されないもの】
　　◆審査対象・範囲
　　◆要求事項

◆評価した結果（適合・不適合）

【バラつきが問題にならいこと】

　　◆審査スタイル

　　◆コミュニケーション手法

　　◆審査トレイル、アプローチ

　　◆チェックリスト等の作業文書

　つまり、「バラついてはダメだ」の部分は「バラツキが許されないもの」の話であって、「バラツキが問題にならないこと」は、その組織の監査方針や企業文化・風土の問題はありますが、基本的には、「各監査員に任せていい」部分なのです。

　分かりやすい部分は、「コミュニケーション手法」だと思いますが、監査の基本として「被監査側を追い詰め、誹謗するようなコミュニケーション」はマズいです。

　しかし、雑談を挟みながらインタビューする、とか、現場の方に気さくに話しかけて話しやすい雰囲気を作る、といった方法論は、監査員のキャラクターの部分であって、むしろ、バラつくというか、さまざまなやり方があっていい部分なわけです。

　こうした監査プロセスで実施することについて「バラツキ不可」「バラツキOK」部分に整理して勉強会を進めないと変なことになると思いますので、注意が必要ですね。

その57
食品安全における「改善の機会」禁止の影響

　ご存知の方も多いと思いますが、食品安全マネジメントシステム規格のひとつに「FSSC 22000」があります（Food Safety System Certification）。

　「FSSC」とは、オランダのFFSC（The Foundation of Food Safety

Certification：食品安全認証団体）が、ISO 22000とISO/TS 22002シリーズを組み合わせて開発した規格です。

FSSC 22000の構造をざっくり言えば、
1）PRP（前提条件プログラム）を定める
2）危害分析を行って、管理すべき点を明確にする
3）HACCPプラン等により管理する
という構造です。

私の理解ですが、食品安全マネジメントシステムとしては「ISO22000」がありますが、なぜ「FSSC22000」が多くの食品産業関連企業に要求されているかといえば、イオン、コカコーラ、ウォルマート、英テスコ、仏ダノンなどといった世界の食品大手や流通大手企業約650社が加盟しているGFSI（Global Food Safety Initiative）が、自社の取引先のレベルを一定以上であることを確実にすることを目指しているからです。

そして、FSSC22000は、GFSIに認められた認証スキーム規格だからです。

ISO 22000とFSSC22000との違いを簡単に説明すれば、FSSC 22000の方が、すべき項目がより具体化されています。

特に、「前提条件プログラム」の内容については、ISO 22000では、各組織が自由に前提条件プログラムを選ぶことができます。

しかし、FSSC 22000ではISO 22002シリーズを採用することが定められています。

そして、ISO 22000ではカバーできなかった食品安全対策（フードテロ、アレルギー物質の管理など）が定められていることも、大手食品会社が要求する理由のひとつでしょう。

さて、このFSSC22000ですが、規格（第Ⅳ部‐附属書Ⅲ：不適合の格付け）で、

「認証機関は不適合を以下の3段階に格付けする」

ことが要求されています。

a）軽微な不適合

b）重大な不適合

c）クリティカルな不適合

そしてさらに、

「FSSC22000 審査において、改善の機会を使用することを禁止する」

という要求事項もあります。

これも私の理解ですが、「改善の機会」というのは、「審査を受ける組織にとってはもちろん、認証審査チームにとっても便利な指摘ツール」です。

その理由は、一般的に、審査を受ける組織からすれば、「どうせ審査を受けるのであれば、外部の専門家に問題点を指摘してもらって、顧客から信頼される仕組みを構築し、改善していきたい」と思うのは当然です。

しかし、その一方「指摘はありがたいが、是正処置を実施するとなると、調査、原因究明、再発防止、教育訓練など結構大変」と組織は考えます。

つまり、是正処置要求を義務としない「改善の機会」は、組織にとってありがたいわけです。

また、審査側にとっても、不適合指摘を出すとなると、しっかり証拠集めをして、十分な確信をもって指摘する必要が出てきます。

しかし、認証審査の時間は限られた時間内にいろいろなことを聞かなければなりません。

そのため、「問題点になりそうだなぁ」というものも、審査の中で、時間切れ、組織の説明不足や資料開示遅れなどで、しっかりとした「白黒」（適合か不適合）が判別しなかったものを「改

善の機会」とすることができたわけです。

でも、FSSC22000では「改善の機会」が禁止されました。

理由は「ソフトクレーディング」といわれる「指摘すべきものを格落ちさせて不適合としない」ことを防止することが狙いでしょう。

理屈で考えれば「認証機関が不適合を指摘せずに審査を終了する」ことは、顧客（GFSI）からすれば、「勘弁して欲しい、取引の際に要求する一定のレベルが担保できないじゃないか」となります。

しかし、「改善の機会の禁止」により、おそらく、認証機関の審査員の判断としては、

・不適合っぽいが確信が持てる証拠が収集できなかったから改善の機会にしておこう
・本来改善の機会でもいいレベルだが、禁止されているから格上して軽微な不適合にしておこう

という判断が起きると思います。

つまり、改善の機会として表面化していたものが「軽微な不適合になる」（ある意味、格上げ）か「改善の機会自体を口頭など公式には残らないもの」（ある意味、格下げ）にするかに分かれると思います。

少し怖いのは、「よくよく調べてみたら不適合ではないのに不適合と判断してしまったケース」でしょう。

予想としては「認証機関が不適合として判断したが、組織が後々調べたら不適合ではありませんでした」という是正処置回答が機関に提出されるケースが生じるのではないか、と思います。

したがって、認証機関側、受審組織側は「改善の機会の禁止」によって生じる可能性を想像し、理解して、対処する必要が出てくると思います。

ISOの復権

その58
マネジメントシステム認証における申請範囲の適切性

このテーマでよく話題になるのが、

◆工場単体の取得は、適用範囲として適切なのか

です。

まず、少々長くなりますが、認定機関であるJAB（（公財）日本適合性認定協会）が発行している文書（JAB NS512:2011マネジメントシステム認証に関する基本的な考え方－認証範囲及びその表記-）を以下に一部引用しますので、確認することにしましょう。

（以下、一部引用）

（省略）

4.認証範囲の基本的な考え方

4.1 認証範囲

　組織が該当するマネジメントシステム規格を適用して認証を申請する範囲（以下、申請範囲という）に対して、適用規格の要求事項に対する適合性が証明された場合に授与される又は授与した認証の範囲を認証範囲という。

　認証範囲は、適用規格が取り扱う利害関係者に関連する、製品・サービスの一連の業務プロセス全体を含むこと。

4.2 認証範囲の確認

　機関は、組織の申請範囲で、そのマネジメントシステムが適用規格の要求事項に適合し、当該規格の意図を実現できるように機能していることを確認するが、申請範囲は組織の判断で設定されるため、機関は、組織のプロセス、製品・サービス、関連サイト、事業部、事業所など、適用規格の取り扱う側面に関連する直接／

間接の影響を考慮し、申請範囲の適切性を確認する必要がある。

　組織が、その直接的な管理下にある活動範囲のうち、本来認証範囲に含めるべき活動を申請範囲から除外している場合、機関はその正当性を評価し、正当と認められない場合は、認証を与えない。

　組織が、適用規格の要求事項への適合に影響を与えるようなプロセスを外部委託している場合などには、機関は、その管理が適切に行われているかを十分に確認する。

　また、認証範囲に適用を除外されている規格要求事項がある場合、その要求事項の箇条が明確になっていなければならない。機関は、その適用の除外に正当な理由があり、適切であることを確認する。

　認証範囲が、適用規格の意図に沿って適切に設定されるよう十分に配慮し、そのマネジメントシステムが全体として適用規格の要求事項に適合しているといえるかを判断することは、機関の責任である。

（省略）

（引用ここまで）

　上記からわかるように、

「申請範囲は組織の判断で設定される」

　との記述がありますが、

「認証範囲は、適用規格が取り扱う利害関係者に関連する、製品・サービスの一連の業務プロセス全体を含むこと」

　と規定されています。

　つまり、

◆申請範囲の適切性を確認するのは認証機関である

◆本来認証範囲に含めるべき活動を申請範囲から除外しており正

当性がなければ認証を与えない

ことが認証機関の責務なのです。

感覚的には、ほとんどの認証機関で、ISO9001、14001の2015年版が発行されて以降の新規の認証申請に関しては、しっかり、認証機関は、申請範囲の適切性を確認しているように思います。

問題は、初回認証から10年以上経過している組織です。

1990年代のISO認証の意義は「品質管理から品質保証へ」の意味合いが強く「狭義の製品品質を確保するための組織」単位で認証範囲は設定されていました。

要は、製造業であれば、「工場単位での認証取得」が殆どでした。

しかし、「製品品質には設計プロセスも関与する」という概念が強くなり、規格の2000年版発行によって「製品品質は組織レベルでマネジメントするべき」という概念になり、経営戦略や営業、人事、財務部門も含めた範囲で認証範囲を設定するようになってきました。

その結果、比較的大きな組織で、「一部の工場組織」でもともと認証取得を開始した組織は、せいぜい「設計部門を追加した」程度の範囲で認証取得しているケースが多々あります。

個人的には、2000年版発行以降、徐々に、本社機能（例：経営戦略、営業、人事、財務など）のマネジメントシステムに対する関りも組織に認識させつつ、真綿で締め付けるように、徐々に範囲を拡大していくべきだったと思います。

ただ実際には、「こうするべき」と認証機関の誰もが考えていても、「組織の首に鈴をつけるのは誰か？」となると、「誰も鈴を付けずに放置している」ケースが、意外と多く見られます。

どうしても、範囲を拡大するということは、「認証コスト」にも関わってきますので、「認証機関はもちろん、組織側も適切な

認証範囲ではない」と考えていても、手を付けにくい部分なのです。

　また、ある認証機関が、市場や世間への信頼性を高めるために「着実な認証範囲」を組織に求めれば、「そういわれるなら、他の機関に移転する」と言われる恐れがあり、大きな組織であればあるほど、売り上げ減少にもつながりますので、言い出せません。

　私の考えとしては、「どこの認証機関も毅然として同様レベルで認証範囲を判断」してくれるのであればいいのですが、「うちだけ厳しく運用して利益を損なうのは嫌だ」と認証機関が考えるのは当然です。

　したがって、それを、「この組織の認証範囲はおかしいのではないか」といえるのは、「市場」と「認定機関」だと思います。

　認定機関が認定審査で、認証機関と、制度の信頼性確保のためにいい意味で闘ってもらうのは当然のこととして、個人的には、「市場ももっと認証された組織の範囲をチェックして、苦情や問い合わせをじゃんじゃん認証機関や認定機関に情報提供するべき」と思います。

その59
一時的サイトの審査方法について

　ISO認証機関に要求されている規格やIAF基準文書として、ISO/IEC 17021-1：2015やIAF MD 1:2018があります。

　この中では、認証機関は、組織が常設サイト以外で活動する「一時的サイト」の活動についても、きちんと審査しなさいと規定されています。

　ISO/IEC 17021-1：2015で「一時サイト」の記述が出てくる部分は、大雑把に書くと、

・定期審査の頻度を決めるとき

・審査計画を計画するとき
・審査報告書を作成するとき
に考慮し、明確にすることが規定されています。

　ちなみに、IAF規準文書のひとつであるMD 1:2018では、一時的サイトについて、

《一時的サイト》
　依頼組織が、限られた期間内、特定の業務の実施又はサービスの提供を行うサイト（物理的又は仮想的）で、常設サイトとなることが意図されていないもの

　と定義されています。
　つまり、工場や事務所のように常設されたサイトではないものをいいます。
　具体的には、例えば、
◆建設業における現場事務所や施工現場
◆ビルメンテナンス業における清掃現場
◆設備保守管理業における保守現場
◆輸送サービスにおける積込、荷降し現場
◆冠婚葬祭業における葬祭現場
◆イベント運営会社におけるイベント会場
◆会計事務所における関与先での業務
◆セミナー会社における企業先セミナー会場
◆映像制作会社における撮影現場
◆医療、介護における訪問現場
……
　など、挙げていけばきりがありませんが、多種多様です。

IAF MD 1:2018では、一時的サイトについて、
「組織のマネジメントシステムに含まれる一時的サイトは、マネジメントシステムの運用と有効性の証拠を提供するため、サンプリングに基づく審査の対象にしなければならない」
と規定されています。
　また、ISO/IEC 17021-1：2015では、
「代表的分野及び機能が定期的に監視されるように、そのサーベイランス活動を開発しなければならない」
との規定があります。
　つまり、認証機関は、
・一時的サイトをサンプリング審査の対象とする必要がある
・組織における一時的サイトの種類や機能を洗い出して代表的なものを審査する必要がある
ということになります。
　要は、総合建設業の建設現場であれば、例えば、土木工事ばかりでなく、建設工事もちゃんとサンプリングして、しかも、マネジメントシステムの運用と有効性を確認するために代表的な活動を審査しなさい、という意図だと思います。
　したがって、整理すると、一時的サイトに関する審査では、
・一時的サイトの審査が審査プログラムで適切に計画されているか
・審査報告書に審査した一時的サイトの場所や日時が記載されているか
・現地審査で適切な一時的サイトの審査が実施されているか
・認証書へ一時的サイトを記述する場合の記述内容の適切性
といった点がポイントになります。
　「現地審査で適切な一時的サイトの審査が実施されているか」ですが、例えば、輸送サービスの積込、荷降し現場であれば、

ISOの復権

- 荷主とのコミュニケーション
- 駐車する車両の安全確保や法令順守
- 安全かつ効率的な作業か否か
- 業務マニュアルや輸送計画に沿った活動か否か
- 荷物の引き渡し確認
- ドライバーに対する教育訓練内容の周知状況
- 苦情や貨物事故、車両事故の再発防止策の周知と徹底度合い

といった点は、しっかり確認する必要があるでしょう。

それと、一時的サイトでの審査を計画する場合、通常現場が「組織の顧客先」であることが多いので、認証機関は、組織を通じて日程調整やその了解を取り付けることも、審査方法に関するノウハウのひとつと考えた方が良いと思います。

このように考えていくと、なかなか、一時的サイトでの活動を監査するのは、常設サイトと比較して厄介な面も多々あると思います。

その60
マネジメントシステム認証の信頼性が高まるサンプリングとは何か

「認証の信頼性を高めるサンプリングとは、本来どうあるべきか」について考えてみます。

認定審査でよりどころとなる、認証機関に対する要求事項「マネジメントシステムの審査及び認証を行う機関に対する要求事項」（ISO/IEC 17021-1：2015）では、以下のような要求があります。

少々長くなりますが、関係箇所を以下に引用します。

（以下、規格の一部を引用）

9.1.3 審査プログラム

9.1.3.1 依頼者のマネジメントシステムが、選択した規格又はその他の規準文書の認証要求事項を満たしていることを、実証するために必要な審査活動を明確に特定した、認証周期全体に対する審査プログラムを策定しなければならない。

認証周期に対する審査プログラムは，全てのマネジメントシステム要求事項を網羅していなければならない。

9.1.3.2 分野固有の認証スキームによって特に規定されていない限り、初回の認証のための審査プログラムには、二段階で行う初回審査、認証決定後の1年目及び2年目に実施するサーベイランス審査、並びに認証の有効期限に先立って3年目に行う再認証審査を含めなければならない。この最初の3年の認証周期は、認証の決定から始まる。

それに続く周期は，再認証の決定から始まる。

審査プログラムの決定及びその後の調整では、実証したマネジメントシステムの有効性のレベル、及び以前に実施した全ての審査の結果に加え、依頼者の規模、そのマネジメントシステムの適用範囲及び複雑さ、並びに製品及びプロセスを考慮しなければならない。

9.6.2 サーベイランス活動

9.6.2.1 一般

9.6.2.1.1 認証機関は、マネジメントシステムの適用範囲に含まれる代表的分野及び機能が定期的に監視されるように、そのサーベイランス活動を開発しなければならない。

また、被認証組織及びそのマネジメントシステムに生じた変更を考慮しなければならない。

(引用ここまで)

引用が少々長くなりましたが、ポイントを集約すると、

『マネジメントシステムの有効性のレベル、及び以前に実施した全ての審査の結果に加え、依頼者の規模、そのマネジメントシステムの適用範囲及び複雑さ、並びに製品及びプロセスを考慮しなければならない』

『マネジメントシステムの適用範囲に含まれる代表的分野及び機能が定期的に監視されるように、そのサーベイランス活動を開発しなければならない』

という部分になると思います。

つまり、（私なりの大雑把な解釈ですが）

◆認証周期ですべての要求事項を確認することは当たり前
◆その上で、「MSの成熟レベル」「これまでの審査状況」「組織の規模」「組織のMSの範囲と複雑性」「製品及びプロセス」を考慮して審査プログラム（審査すべきところ）を計画すること
◆審査すべき箇所は、適用範囲の代表的分野と機能を含めること

ということになります。

私の感覚では、上記ポイントを、極めて明確に審査プログラムに組み込んでいる認証機関は、少ないと思います。

もちろん、認証機関は、厳しい「認定審査」をクリアしていますから、認証機関のマネジメントシステム上は、上記ポイントについて、文書化されたルールに一応はなっていると思います。

しかし、例えば「製品及びプロセスを考慮」とか「適用範囲の代表的分野と機能」とは、なんぞや？　という点については、その組織を担当する主任審査員に任されているのが現状だと思います。

もう少し具体的に言えば、例えば、組織の適用範囲が「土木構造物の設計、施工」であった場合、「代表的分野」を「受注額」、「受注件数」、「施工件数」、「工事の難易度」、「施工品質要求が高い工事」、「施工不良や施工中の事故などリスクが高い工事」……など様々な捉え方があります。

　「いったい何を代表分野」として、審査をすることが、市場からの認証の信頼を高めることになるのか、定義できていないと思います。

　また、日本の場合、建設業法上は、「土木工事」「建築工事」「大工工事」「左官工事」「屋根工事」……など29業種に分かれています。

　認証組織が、29業種すべてが対象になっていた場合、「土木工事」の業務比率が8割で、あとの業種は、たまに発生するレベルだった場合、審査で「土木工事だけ」を常に審査していて、審査プログラムの考え方としては、大丈夫なのか？　といった議論は、あまりなされていない気がします。

　例示は、土木工事業ですが、製造業、サービス業含め、ありとあらゆる産業分野の認証審査において、審査日程上の都合もあり、「とりあえず、なんらかの製品（サービス）実現プロセスが確認できれば、仕組みの審査なんだからいいじゃないか」とされてきたのが、これまでの現状のように感じます。

　より認証審査の信頼性を向上させるために、各認証機関は、「認証の信頼性を高めるサンプリングとは、本来どうあるべきか」という点について、もっと議論を深めるべきだと思います。

その61
登録範囲の製品及びサービスの表記方法

　ISO認証制度は、「マネジメントシステム」（仕事の仕組み）に

対する外部保証の制度です。

　マネジメントシステムの種類によって、その目的は、少し変わりますが、基本的には「顧客からの信頼を得るための制度」です。

　極めて、単純化して表現すれば、「A社と取引したい」と考えたB社があったとします。

　B社は、A社について、会社経歴や業務実績、取引先実績のある会社からの評判……などの情報を入手し、「取引対象」として俎上（そじょう）に上がれば、見積もりを取り、製造業であれば、製品サンプルを、サービス業であれば、お試しでサービスを提供してもらったりして、本契約するか否かを判断するでしょう。

　ただ、「1回のみの取引」であれば、そんな感じで問題ないでしょうけれど、継続して、しかも、それなりの規模の取引がある場合は「結果だけでなく業務プロセスやシステムの信頼性」に対する「担保」が必要になります。

　例えば、A社に注文や苦情情報を連絡しても、確実に処理される業務プロセスが確立されていなければ、「安心して継続的な取引」はできません。

　そこで、多くの取引先を抱える大企業では、「第二者監査」といった、「取引先を訪問して、受注プロセス、製造プロセス、設備管理プロセス、検査プロセス、出荷プロセス、クレーム処理プロセス……」などを自ら確認して、「安定取引の担保」を得ようとします。

　ただ、この「第二者監査」も監査に関する業務コストや監査員のレベル維持コストを考えると、自らすべての取引先を監査して回るのは、効率的ではありません。

　そこで、「第三者監査」となる「ISO認証制度」を活用するわけです。

つまり、「マネジメントシステムの適切性や有効性のチェック」を専門家（認証機関）に任せるのです。

さて、前置きはこのぐらいにして、今回のテーマである「登録範囲の製品及びサービス名称」についてです。

詳細は省きますが、例えば、「自動車用部品の設計、製造」「レストランサービスの企画、提供」という「製品及びサービス」の名称で認証されている組織があるとしたら、認証機関が「お墨付き」を与えたのは、当たり前ですが「その製品（またはサービス）に対する業務プロセスやシステムの適合性」です。

少しややこしいのは「製品」なのか「プロセス」なのか、という問題です。

例えば、上記の例で、「レストラン」に、仮に「キャラクターグッズ」があり、「レストラン利用者向けにおまけとしてキャラクターグッズ」を配付していたとします。

この場合、あくまでも製品は「レストランサービスの企画、提供」であり、「おまけのキャラクターグッズ」は、「本業に付帯するサービス」です。

けれども、キャラクターに人気が出て、キャラクターグッズの種類を増やし、本格的に「製品」として捉えれば、そのレストランの製品は、

◆レストランサービスの企画、提供
◆キャラクターグッズの企画、販売

となります。

仮に、上記の「2種類の製品（サービス）」での認証が必要であれば、実態の仕事としては、同じ部門が業務を担当していても、「それぞれの製品毎にマネジメントシステムが構築されて運用されているか」をチェックし、認証機関は「認証した製品を明確に特定

する必要」が出てきます。

　けれども、組織が「うちの製品はレストランサービスで、キャラクターグッズはあくまでもレストランサービスの中の一環」として捉えれば、認証基準で要求されるフルスペックをキャラクターグッズに適用させてチェック（監査）することはありません。

　「レストランが、実態としてやっていること」はほぼ一緒でも、「製品の特定」の方法で、「審査内容も認証された製品」も、全く変わってくるわけです。

　少々マニアックになってきましたが、もう少しお付き合いいただければ、このレストランが、ウェブサイトやパンフレットで「ISO認証を受けていること」を表明したとします。

　その際に、認証のルールとしては、「認証を受けた製品や組織の範囲を明確に表明すること」が認証企業には求められています。

　しかし、認証登録された企業のウェブサイトをよーく観察してみると「この製品（サービス）では認証登録を受けていないんじゃないの？」という表記が結構あります。

　しっかりした審査員であれば、審査で訪問する前にしっかりウェブサイトを確認しているので、「誤解される表記ですよ」と指摘できます。

　けれども、「製品の位置づけ」について、よく理解していない認証機関や審査員だと、適切にジャッジできず、認証範囲と不整合な製品を「認証範囲」としての表明を許してしまっています。

　この問題は、

◆認証機関と担当審査員の力量（製品なのかプロセスなのか）
◆組織が「自社の製品とは何か」をしっかり理解していない
　という問題にほとんどが帰着するでしょう。

　「製品とは何か？」を、監査を担当する認証機関や審査員がしっ

かり理解することは「ISO認証の信頼性確保」の観点からもちろんですが、「組織自体も自社の製品とは何ぞや」をよく理解することが重要なのです。

その62
審査報告書における一時的サイトの記載

言わずもがなですが、企業や団体など「ISOマネジメントシステム規格の認証」を取得したい組織は、認証機関の審査を受審します。

組織は、取得を希望するマネジメントシステム規格が、例えば、品質マネジメントであれば、「ISO9001」、環境マネジメントシステムであれば「ISO14001」というように「認証基準となる規格」が決まっています。

では、認証機関は「どんな基準のもとで認証審査を実施」するのかというと、例えば代表的な規格として「ISO17021-1：2015 (JIS Q 17021-1：2015)」があります。

ISO17021-1：2015では、認証機関が認証業務活動を実施するにあたって、満たすべき要求事項が規定されています。

例えば、認証機関は、組織審査を実施すると「審査報告書」を作成します。

審査報告書には、例えば、

「認証機関の特定」

「依頼者の名称、住所及び代表者」

「審査の種類（例えば、初回審査、サーベイランス審査、再認証審査、特別審査など）」

「審査基準」

「審査目的」

> 「審査範囲、特に審査した組織単位若しくは機能単位又はプロセスの特定、及びその審査の時間」
> 「審査活動(現地又は現地以外、常設又は一時的サイト)を実施した日付及び場所」
> ……

といったことを記載(または引用)することが、ISO17021-1:2015では求められています。

今回、話題にするのは「審査報告書の中で審査活動を実施した日付及び場所」についてです。

ポイントは「常設サイト」と「一時的サイト」です。

認証機関に要求されている基準文書のひとつである「IAF MD5:2015」では、常設サイトと一時的サイトについて以下のように定義されています。

(以下、基準文書より引用)
「常設サイト」
> 依頼組織が継続的に業務又はサービス提供を行う(物理的又は仮想の)場所

「一時的サイト」
> 依頼組織が限定された期間内に、特定の業務又はサービスを提供する(物理的又は仮想の)場所で、常設サイトになることが意図されていないものである

(引用ここまで)

簡単に言えば、例えば、建設業であれば、「常設サイト」は「建設会社の本社事務所や建設機械を保管・修理する車庫、営業所など」であり「一時的サイト」は、「建設現場や現場事務所」をさ

しますが、それらを現地審査で訪問したなら、審査報告書に記載しなさい、ということをISO17021-1：2015規格は言っているわけです。

変な話ですが「一時的サイト」が「わかりやすいケース」は、まず、問題なく「審査報告書にきちんと記載（または引用）」されています。

「わかりやすい一時的サイト」とは、例えば、建設業における建設現場やビルメンテナンス業における清掃現場です。

「わかりにくい一時的サイト」は、「一時的サイトに訪問するのが通常必須となっておらず、訪問するか否かが現地審査の都度、調整しているケースや常設サイト外での業務やサービスの提供が日常的すぎるケース」です。

例えば、前者に相当するのが、研修サービスを提供する会社が通常は常設サイト内で研修会を実施するが「客先で研修サービスを提供する」ような場合で、後者は、電力会社やガス会社が「使用量の検針業務を会社や個人宅を回って実施」をする場合や輸送会社が「積込、荷下ろしを常設サイト外で実施」する場合です。

これらのケースは、「認証機関が作成する審査報告書」にISO17021-1：2015で要求された「一時的サイトの場所の特定」がされていないケースが、多々あります。

ただ、組織が認証機関から通常提供される「審査報告書」には、意図的に「一時的サイト」が特定されて記載されていないケースは、意外とあります。

「意図的に記載しないケース」はさまざまですが、たぶん、多くの場合は、「一時的サイトは特定の客先」であることが多いため、組織側が「記載しないでほしい」というケースがあるからです。

その場合、多くの認証機関は、いわゆる「申し送り書」的な認

証機関内の共有情報（これらの文書も"審査報告書の一部"としていることが多い）として記載しているようです。

いずれにせよ、「ISOマネジメントシステム認証制度」の目的で考えると、認証機関は「組織の認証登録が適切に実施されたことを世間に示す」必要があるわけで、「常設サイト外の活動」を組織が実施していれば、程度問題はありますが、なんらかの頻度と方法で「一時的サイト」を訪問して審査する必要があります。

したがって、認証機関は、「審査報告書（または関連記録）」の中で、訪問して審査した一時的サイトを明確にしておくことは、重要なのです。

その63
設計のアウトソースと適用範囲／認証範囲及びそれを示す証拠

品質と環境の2015年版では、明確な意図として、組織の内部外部の課題を明確にして、利害関係者のニーズ・期待を理解して適用範囲が論理的に決まってくる、というように規定されています。

つまり、例えば、食品製造業の場合、顧客の要求を具現化した食品を企画開発し製造していれば、「食品の企画開発部門を適用範囲から除外する」というマネジメントシステムは、基本的に、あり得ないでしょう。

ISO9001の黎明期には、食品の企画開発をしていても「製造している工場だけを適用させて認証を取得する」というケースはよく見られました。

この場合は、食品を製造している工場長をマネジメントシステム上の経営トップにして、同一法人ではあるが、食品の企画開発部門は「社内顧客」という位置づけで、「企画開発部門（顧客）の要求に従って食品を製造する」というマネジメントシステムを

構築して、認証取得するケースでした。

しかし、2015年版では、マネジメントシステムと事業との統合ですし、利害関係者のニーズ・期待を考慮して適用範囲を決めるべき、という議論を基本に考えれば、「社内顧客」という位置づけは変でしょう（理論上は、ダメとは言い切れないですが、相当な理論武装が必要でしょう）。

また、マネジメントシステム上の経営トップを工場長ではなく、社長にして、かつ、企画開発部門は「食品の仕様を決めるアウトソース（外注）先」という位置づけにしてはどうか、という議論があります。

これならば、「アウトソース（企画開発部門）先を管理しているのは、適用範囲とした自社であり、企画開発には責任も持ちますが、実質的に企画開発している部門は外注という位置づけです」というロジックです。

ダメとは言い切れませんが、ふつうに考えれば、これも適用範囲から除外するのはおかしいと思います。

では、「あり得るマネジメントシステムの構築と認証手段」（ウルトラC）ですが、あくまでも私見としてですが、

◆適用範囲は企画開発部門を含めて、基本、全組織対象にする（明らかに異なる事業に関連する部門は除く）

◆認証範囲から企画開発部門を外す

というやり方でしょう。

意味があるのか、ないのかは別にして、要は、組織としては「マネジメントシステムは全社に適用しています、しかし、一部の部門は認証範囲からは除外します」というロジックです。

ただその場合、組織は、認証機関に対して、

・認証範囲から外した部門もマネジメントシステムの適用範囲に

は含めていること
・マネジメントシステムに含めて運用している証拠を示すこと
・マネジメントシステムの運用の証拠とは、目標管理や内部監査、マネジメントレビュー等

などをきちんと示す（立証責任、説明責任）ことが必要です。

でも、理論上は「適用範囲と認証範囲をわけること」はあり得ますし、認証工数削減や守秘義務があるといっても技術上、認証機関に情報開示して、ほじくられまくりたくないといったメリットはあると思いますが、一般的には、あまり良いマネジメントシステムの活用ではないかな、と思います。

その64
ISO認証の適用範囲の決め方

ISO9001の2015年度版では、適用範囲を決定するために、以下のことが要求されています。

（以下引用）
1）「外部や内部の課題」「密接に関連する利害関係者の要求事項」「組織の製品及びサービス」を考慮し（ISO 9001:2015 4.3項引用）
2）「ある要求事項が、組織の品質マネジメントシステムの適用範囲でどのプロセスにも適用できないことを決定できるが、製品及びサービスの適合が達成されないという結果を招かない場合に限る」（ISO 9001:2015 A.5項引用）
3）「適用不可能なことを決定した要求事項が、組織の製品及びサービスの適合並びに顧客満足の向上を確実にする組織の能力または責任に影響を及ぼさない場合に限り、この国際規格

への適合を表明してよい」（ISO 9001:2015 4.3項引用）
（引用ここまで）

　一般的には、上記1)については、「現状分析表」とか「組織を取り巻く内部外部の課題一覧表」とか「リスクと機会分析表」「SWOT分析」といった資料を組織は作成し、組織内で検討し、対象範囲を「全社」にするか「一部の組織」にするか、「一部の製品及びサービス」にするか、といったことを決めます。

　2015年版改訂の目的の一つに、「ISO規格に基づくマネジメントシステムの構築による弊害防止」、つまり「二重帳簿」と言われるような「実態としての経営管理の仕組み」と「ISOにより構築された経営管理の仕組み」の二重構造にならないことがあります。

　日本に限ったことではなく、世界的に、経営管理の仕組み（マネジメントシステム規格＝ISO9001やISO14001など）に基づいて、組織のマネジメントシステムを構築すると、

◆もともと組織に自然発生的に存在したマネジメントシステム
◆ISO規格に基づいて新たに作られたマネジメントシステム

　の二本立てになって、要は、「審査用のマネジメントシステムが形骸化している」事例が多発したそうです。

　こうした反省もあり、2015年版では「組織の事業とISOの統合」をテーマに、「適用する範囲が組織に都合よく構築されている」あるいは「市場に認証された組織の事業内容が誤解されない」ように、「組織の事業全体を対象に現状分析して適用する範囲を決定してください」（文書化要求あり）ということを要求しています。

　しかし、実際のところ、「適用範囲を決定するための現状分析が、限定された範囲で分析・検討されている事例」が多発しています。

　組織全体、または、組織の事業全部が適用範囲であれば問題な

いですが、「一部の組織で認証を受けたい」「一部の事業（製品及びサービス）で認証を受けたい」ということであれば、例えば、「職員は営業窓口だけで、実質的な業品質に影響を与える権限を有していない」とか「売り上げが極端に少なくてISOを適用させる必要性が薄い」といったような理由が「組織で正式に決定され文書化されている必要性」があるでしょう。

案外、組織、コンサルタント、認証審査員は、このあたりを明確にしないで、適用範囲をなんとなく決め、システム構築し、審査している事例が結構多いです。

もう一度、2015年版の意図を理解して、効果的なマネジメントシステムを構築、あるいは構築支援、審査をしていただきたいものです。

その65
プロセスアプローチを採用して現状追認型の審査と化した！？

私が『不祥事を止めるISO思考』（光文社）というタイトルの本を上梓したのは、2007年5月。

早いもので、それから10数年が経過しました。

ちなみに、本の構成は、

第1章　不二家と関西テレビの「自爆」
第2章　「再発防止」の標準化思考
第3章　企業不祥事を分析する
第4章　お役所は理不尽
第5章　ISOをビジネスに活かす
第6章　「機能不全のISO」をISO的に分析する
第7章　標準化思考獲得への道

というもので、出版社が紹介した本書の内容は、以下のような

ものでした。

(以下、光文社(版元)コメントより引用)

　本書は、このようなご時世で、なんとか日本企業が「自律した組織作り」ができるよう、その考え方を説明するものだ。

　もちろん、企業の管理責任者の方が読んでも役に立つが、それよりむしろ、ISO的な考えをもっと広い意味でビジネスに役立つよう、根本的な考え方を一般読者に説明していく。

　よって、ISO取得企業だけでなく、世の中を騒がせた事件・事故の本質を、すべてISO的な思考で分析していく。なぜ問題は起きたのか、そしてどうすれば再発防止できるのか。

　こうした分析を、専門用語はなるべく使わず説明していく。これは、おそらく今まで誰も試したことのない挑戦だと思う。

(引用ここまで)

　組織不祥事が発生すると、ISO認定認証制度は、経済産業省の要請もあり業界としてもいろいろとテコ入れしてきました。

　例えば、「認証審査で不祥事が見つからないのは審査員に専門性がないからだ」という議論が高まったときがありました。

　しかし、これも、現場にいる私からすれば「微妙」です。

　「その業種の専門性が強い審査員」となると、同業他社出身者になりますが、そのような経歴だと、受け入れ側の企業が、「技術情報の流出」を懸念して審査に訪問する許可を出してもらえません。

　また、「専門性に強い」といっても、仕事のやり方は「各社各様」で、経歴的に「専門性に強い審査員」と言われている人でも、「組織と専門用語や業界共通用語で会話ができる」というだけで、「組

織が決めていないことを突っ込んで確認する能力」にはまるで長けていない方も多いです。

そばでインタビューを聞いていると「えっ！？　なんで、こんなことを聞かないんだろう？」というシーンはよくみうけます。

また、「逐条型審査＝審査のために作成したふだんの業務では必要のない文書や記録が増える」という反省から、**審査スタイルが「プロセスアプローチ」になりました。**

しかし、これも、要は「御用聞きスタイル」となり、「組織の現状の仕事の流れを追認するだけ」の審査と化している現状があります。

この方式では、「業務システム上の不備や欠陥」を検出することは、まず無理でしょう。

そういえば、Amazonでは、『不祥事を止めるISO思考』に4件のレビューコメントがあり、「Amazonマスターさん」が2015年に、以下のような感想を書いてくれています。

（以下引用）

　ISOはマネジメントシステムへの「依存者」を増やすような状況だと思った。認証というお墨付は確かに利害関係者に安心を与えるだろう。しかしそれでも不祥事を防げないのであれば、しょせんマネジメントシステムという看板にすがる依存者と同じことである。

　ではISOは使えないのか。

　私は、ISOはまだ「発展途上」なのではないかと考える。これだけ世界に普及してしまったのだから、もはやなくなることはないというのが大きな理由だ。

　だから、あと20年か30年すれば、問題はかなり是正されるだろ

う。あと四半世紀か半世紀になるか、その間、無駄なコストと人員を割くのは長い目で見れば悪い話じゃないと思っている。もしISOがなければないで、我々は他の安易な手法やシステムに食いつき、依存するに違いない。

どうせ不祥事なんてなくならないし、不祥事が減ったように感じるとすれば、それは単に「カモフラージュ」の技術があがったということである。それほど我々の社会とは、「知的欺瞞」に満ちているものなのである。

一般書で役立つISO本は現状ではこの本のみと言ってよい。
（引用、ここまで）

「一般書で役立つISO本はこの本のみ」

嬉しいコメントです。

それにしても、2015年のコメントですから、本書を出版してから8年経過しています。中古品を購入してくれたのかもしれないです。

その66
認証機関の申請レビュー

品質や環境、食品安全、情報セキュリティなど数々のマネジメントシステムの認証がありますが、ISO認証制度の場合、組織の登録有効期限は「3年間」となっています。

国の登録制度だと、「有効期間」が2年や4年、5年といったものもありますし、また、それらの登録制度では、顕在化した法令違反や大きな製品事故や企業不祥事でも発生しない限り「一度登録されたら問題が発生しなければ、有効期間内はスルーパス」という制度も結構あります。

ISO認証制度の場合は、原則的には、1年ごとに定期審査とかサーベイランス審査、維持審査などと呼ばれる審査があり、3年ごとに更新審査や再認証審査と呼ばれる審査があります。

　つまり、常に登録の信頼性が確保されている状態にあるか、認証機関が定めた審査プログラムを基本にしてチェックを組織は受け続け、それによって組織を取り巻く市場や顧客、エンドユーザーをはじめとした利害関係者に対して認証登録の有効性が担保される仕組みなのです。

　認証制度の仕組み上は、このようになっているので、マネジメントシステムに変更があれば組織は、認証機関に変更を届け出ますし、選任された審査チームも審査の中で、組織の状況に変化がないかあるかを確認し、審査報告書などで、それを言及することになります。

　ただ、組織側も認証されてから10年以上経つと、事務局が代替わりします。また、選任される審査員も厳しい業界環境の中、効率的に仕事を処理することが求められています。したがって、組織側に変更があっても、変更を認証機関に連絡していないケースや審査チームが、その組織の例えば製品、サービス毎の売上や売上比率、顧客層の変化、基盤の製品、サービス提供技術を応用した派生製品やサービスの開発といった事態を見逃すケースも中にはあります。

　「1年単位」で捉えれば「その変化は大きくない」としても「登録時の状況と8〜9年後」という視点で捉えると「客観的には大きく違っている」ケースは意外とあります。

　認証機関のシステム上は、
・登録組織からのシステム変更連絡
・登録組織の定期・更新審査の現地審査チームからの状況報告

・登録組織のウェブサイトやニュース情報での動向チェック

といった方法で登録組織の変化点を監視することになっています。

しかし、現実には、「組織からも審査チームからも変更がありました」と情報が入らなければ、「右から左に仕事をこなしている」状況なので、組織のリアルな状況と登録されている内容が異なっていても気づかないケースが多々あるわけです。認証機関的には「申請レビューはルール通りやっています」という話ではもちろんあるのですが、営業段階、審査計画段階、審査プロセス、評価判定プロセス、内部監査を含めてトータルでチェックシステムを効かせるようにしなければ、「ISO認証制度の信頼性精度」の市場からの信頼は落ちてしまうでしょう。

自分も経験があるのでわかりますが、認証機関の登録組織の数が「500社」程度であれば、それぞれの担当者の力量でカバーできますが、登録組織の数が何千社と増え、業務もどんどんセクション化されていくと、どうしても業務はルーチン化していくので、こうした変化を見逃すケースはあり得るでしょう。

ISO認証登録されている組織は、すべてではないですが、ウェブサイトでも確認することができます。

https://www.jab.or.jp/iso/

したがって、私たち一般消費者も、たまには自分が製品を利用し、ご近所の組織の登録状況を見て「あれ？」という点をチェックしていくことも必要なのかもしれないです。

その67
提供する製品/サービスはモノなのかサービスなのか

よく、ISO9001が2015年版になって、「マネジメントシステムの事業活動との統合に変わった」といっても、うちの組織は昔から

「ISO＝経営そのもの」としてやってきました。だから、マネジメントシステムは、基本的には、従来と何も変わりません、というような会話を耳にします。

確かに、おっしゃることはよくわかります。

ただ、2015年版で重要なのは、「まずは、自分たちが提供する製品/サービスが一体何なのか」という、至極当たり前のことをよく議論して明確に再認識することを出発点にすることが重要なのです。

例えば、

◆金属塗装部品の製造

◆金属部品の塗装サービス

という適用製品/サービスがあったとします。

2つの違いがわりますでしょうか？

私見ですが、自らのサービスを「モノ」と捉えるか「サービス」と捉えるかの違いです。要は、前者は、自分たちの組織が提供する製品/サービスは「塗装された金属部品」で、後者は「金属部品に対する塗装加工」です。

やっていることは全く同じでも、「一体、自分たちの製品/サービスはなんなのか」と捉えることによって、マネジメントシステムの構造は、ガラッと変わります。

「塗装された金属部品」が組織の製品/サービスであるならば、「モノ」ですから、一般的に、発注者が「モノの仕様」を決めている、つまりこの場合で言えば、「金属部品の仕様」は発注者が決めているわけで、金属部品の仕様のひとつである「塗装の膜厚」も発注者が決めているわけで、「モノの設計・開発責任は発注者側にあり、当社には責任がない」（設計・開発は適用不可能）というロジックはあり得るでしょう。

一方、後者の場合は、「金属部品に対する塗装加工」が提供する製品/サービスですから、提供するものは「塗装サービス」という「役務提供」です。

そう考えると、「塗装するプロセス自体が製品/サービス」ですから、一般的に、発注者が決めた塗装の膜厚を満たすために計画する塗装条件の設定プロセスが、提供するサービスを満たすために自社が責任をもって企画（設計開発）することになります。もちろん、塗装条件など塗装プロセスそのものの仕様もすべて発注者側が指定してくるという場合は、自分たちに責任があるのは、「言われたとおりに作業をするだけ」になり、「設計・開発の適用不可能は妥当」になるでしょう。

まとめると「モノ」であれば、モノの仕様を決めるプロセスが「設計・開発」ですが、「サービス」であれば、「要求を満たすために実施するプロセスそのものが設計・開発」になるので、マネジメントシステム上のプロセスの位置づけが全く違うことになります。

例えばなしを変えますが、建設業の場合、提供する製品/サービスが、

◆土木構造物（モノ）

であるか

◆土木工事（サービス）

であるかによって、ガラッとマネジメントシステム上の捉え方は変わります。

上記の場合、一般的には「土木構造物の仕様」は「発注者側が決めている」ことが多いので「設計・開発は適用不可能」というロジックは当然でしょう。

ただ、うちが提供するものは「土木工事だ」というならば、発

注者が期待する（要求する）土木構造物の品質はもちろん、工期、安全、予算を満足する工事を実施する役務提供自体が「製品/サービス」ですから、一般的には「施工計画するプロセス自体が設計・開発」となるのです。

　「議論がずれているなぁ」と思うのは、「建設会社の施工計画プロセスは、設計開発でも製品/サービス提供の管理でも、どちらを適用してもいい」というように「勘違いしている人」がいます。

　そもそも、上記のようなケースの場合、「土木構造物の提供」であれば、施工計画は、「製品/サービス提供の管理」であることは言うまでもないですが、「土木工事の提供」であれば、施工計画は、「設計開発」になるのは当然です。

　「施工」という「行為」だけみれば「同じ」ですが、「モノを作るための製品提供のひとつのプロセス」なのか「サービスを提供するためにサービス（施工）自体を企画（設計開発）するプロセス」なのか、でマネジメントシステムの構造（位置づけ）が、全然違ってくるということを、まずは理解することが大事なのです。

その68
検査データの書き換え不正は審査で予防できるか

　2010年代後半からISO認証組織について社会を揺るがす不祥事で増えているのは「大手製造メーカーにおける検査データの書き換え（改ざん）問題」です。

　結論から言えば、この種の「不祥事」の原因の殆どは、
・工程能力の把握とフィードバックする仕組みが弱かった
・不正を行っても発見することが困難な仕組みだった
・品質保証に対する経営層の関心が薄かった

・品質保証部門の責任者が多忙で現場状況の把握と責任者としての力量が不足していた
・検査測定装置の管理が不十分だった
・経営層と従業員とのコミュニケーションが円滑でなかった
・内部監査が効果的に実施されていなかった
といった原因が主なものです。

　では、不祥事が発生、あるいは、内部通報などにより不正が表沙汰になる前に認証審査を通じて見つけることができたか否か、が多くの人の関心事だと思います。
　認証機関の審査員は、当然、捜査権はありませんし、不祥事発生後の臨時審査ならともかく、通常のサーベイランス審査や更新審査では、「性善説」で聞き取りしていますから、組織から提出されたものを見聞きしているだけでは、審査を通じて問題を見つけることは難しいでしょう。

　ただ、前述したような「不適合原因」の可能性を、審査を通じて審査員が意識的に記録を確認し、インタビューすることで気づいた場合、組織にうまく示唆することは、可能だと思います。
　例えば、組織の検査装置が「手入力」のシステムであれば、「書き換えの不正のリスク」がありますし、品質保証部長が本社の役職と兼務で工場に週2日程度しかおらず、かつ技術畑出身者でなければ「品質保証の責任者として力量が不足し、適切に責務を果たしていない可能性」を、審査を通じて組織に「気づかせる」ことは可能でしょう。

　このように考えると、認証審査をするために、その組織が提供

ISOの復権

する製品の製品特性、品質特性、関連法規、同業他社における不祥事情報などを審査員が知っていることは、審査員が保有すべき力量として当然ですが、それに加えて「この組織にどんなリスクが起こり得るか」を想像する事前準備とインタビューセンスが「検査データの書き換え（改ざん）不正」に関する気づきを組織に与え、不正の未然防止につながる審査のポイントになると思います。

第5章：マネジメントシステムを経営に活かす
（組織）

その69
認証審査における説明責任

　審査における「説明責任」については、昔から議論があります。

　「議論」とは、「組織は自分たちの仕組みを審査員にきちんと説明できなければダメでしょう」という意見と、「手順書や検査記録、目標管理などを確認して実態がきちんと実行されていれば説明ができていなくてもOKでしょう」という意見です。

　もちろん「説明がうまいか下手」の「下手」については、審査員の聞き方や理解力の問題もあるので、審査側が努力し、改善すればいいでしょう。

　問題は「きちんと説明できないけど、記録等からは、手順書で決められた仕事がされている」場合の審査上の扱いです。

　「説明できないとダメ派」は、

「そもそも第三者認証制度は、顧客や利害関係者の代わりにマネジメントシステムを評価している訳であり、組織が自分たちの仕組みを説明できないのにOKするのはおかしいでしょう。例えば、決められた計測はしているけれど、それを計測する意味について作業者が理解していなかったらマズいでしょう」

と考えます。

　一方、「説明できなくても、実態としてルール通りに仕事がされていれば問題ない派」は、

「仕事の良し悪しと説明能力は別問題。説明できなくても、結果

として組織のルールに則って仕事がされていることを記録等で確認できればOK」

と考えます。

程度問題もありますし、その時の状況にもよりますが、私は、「説明できないとダメ派」です。

規格要求事項的にアプローチすれば、例えば、品質マネジメントシステム要求事項の「リーダーシップ及びコミットメント」で、"トップマネジメントは、……、品質マネジメントシステムに関するリーダーシップ及びコミットメントを実証しなければならない"

という一文があります。

また、「認識」では、

組織は、組織の管理下で働く人々が、次の事項に関して認識をもつことを確実にしなければならない。

a）品質方針
b）関連する品質目標
c）パフォーマンスの向上によって得られる便益を含む、品質マネジメントシステムの有効性に対する自らの貢献
d）品質マネジメントシステム要求事項に適合しないことの意味

と規定されています。

つまり、「うちの社長はコミットメントを実証する能力はないけど、仕事に対する熱い想いはものすごいものがあります」とか「うちの作業員は職人気質で気難しく自分の考えを表現できる力はないですが、いい製品に必ず仕上げるんですよ」では、上記に挙げたような要求事項が満たされていることを審査側が「実証」できないからです。

したがって、説明が上手いか下手かは別にして、「説明自体ができない」は、審査的には「×」といえると思います。

ただ、現実問題としては、「説明されなかったから不適合です」と審査側が評価するのは難しいでしょう。

　極論、担当者がしっかり説明できなくても「ルールに沿った業務運用」がされている証拠書類が提示されれば、「しっかり説明がなされたかどうか」は、主観的事実になるので、指摘しづらいです。

　2015年版では、ISOマネジメントシステムの過去の反省から、過度な文書化、記録化要求はなくなりました。

　このことは、例えば、
「うちの社員はきちんと聞かれたことを説明する能力はあるし、他の人に質問しても、同じようにきちんと回答はできるんですが、それを"文書や記録で説明してください"と言われるとつらいんですよね。だから、ISOの審査向けに手順書や記録を作っているんです」

　という組織にとっては、「2015年版は、業務管理上、リスクを考慮して実態優先で最小限必要な文書化をしておけばOK」だから、「審査のために必要以上に書類を用意する」という必要はなくなりメリットがあるでしょう。

　逆に言えば、「きちんと自部門の業務プロセスを説明しまくる」ことができればいいわけです。

　しかし、「審査員がダメ出しできないほどの管理文書類を重厚に構築していて、極論、審査員に言われた資料を提示してきた組織」は、2015年版の審査では、審査側も業務プロセスを追いかけて確認していくから、「まずは仕事の説明、そして実証の証拠としての文書類確認」という方式になるので、「文書類は重装備でも説明ありき」なので、大変だと思います。

　事務局によっては、審査のたびに、審査側に突っ込みを入れら

れ、それが悔しいから、マネジメントシステムを複雑に作り込みしているところもあります。

　気づくと、組織の人も事務局に聞かないと仕組みが使いこなせなくなっているようなケースです。

　そのような組織では、たいてい「うちのシステムは重たすぎる」とか「ISOで要求されてどんどん仕組みが複雑だ」と感じていたはずですが、そもそも「マネジメントシステムはその組織の状況を踏まえリスクと機会に応じて構築すればよい」ので「業務実態と乖離した仕組み」から脱却し、自らの業務プロセスを説明する能力を高めるいい機会であると捉えることが大事なのです。

その70
内部監査結果が有効に活かされない理由

　「マネジメントシステムに関する内部監査がうまく活かされていない」という話はよく聞きます。いうまでもありませんが、内部監査の目的は、簡単に言ってしまえば、

◆仕事が、しっかり実施されているか

◆仕事が、うまく回っているか

　を確認することです。

　そしてその結果を経営者に報告することで、経営者は、今後の経営計画や事業計画を立案、改善する上での情報のひとつとするわけです。

　したがって、例えば、

◆組織の経営管理のやり方が適切で効果的に機能しているか

◆仕事のやり方など仕組み（マネジメントシステム）の改善情報の検出

◆組織の課題に関する実態とその原因を探る

といったことを内部監査を通じて適切にする必要があるわけです。

逆に言えば、こうしたことが内部監査を通じてできなければ「効果的な内部監査が実行できていない」ということになるでしょう。

冒頭の「内部監査がうまく活かされていない」に戻りますが、「うまく活かされていない」という以前に、「内部監査が有効に実行されていない」ケースがほとんどです。

内部監査指摘が「記録の記入漏れがあった」といった「抜け、漏れ」系の指摘ばかりで、とてもその結果を「経営陣が聞いてもマネジメントシステムの改善情報として役立てられない」ものばかりなわけです。

この原因はいくつか考えられます。

例えば、「この部門のこの仕事のやり方や判断はルール通りではあるが、変だな、なぜこのようにしたのだろう？？」と内部監査員が思っても、「人の部門の仕事内容にケチをつけているようで、通常業務の職場の人間関係を考えると何も言わないでおこう」という考えが働き「当たり障りのない指摘」で終わらすこともあるでしょう。

また、町内会の自治会の役員のように「仕事、プライベートに加えて、自治会の仕事をやるのは面倒だな」というのと同じで、職場において、内部監査工数が仕事量として確保されておらず、「通常の仕事が圧迫されるから適当に処理しておこう」との判断で、実施している内部監査員もいます。

このあたりの問題解決は、内部監査の位置づけの重要度を組織内で高めて、上記のような問題を解消する環境整備が必要になると思います。

最近では、内部監査を実施するにあたって、経営陣が集まり、事前に内部監査で確認してほしい仕事の中身や実態を具体的にし

て、内部監査計画に加えている会社も増えてきています。

　当たり障りのない内部監査を続けていると、経営者にとって内部監査結果は「経営や事業戦略、組織体制強化を計画する上で使えない情報」となるので、確実に内部監査は「行事化」します。

　こうなってしまうと意味はまったくないので、経営者は「なぜ、内部監査がうまく回っていないのか」の原因をきちんとつかんでほしいものだと思います。

その71
中小企業における環境経営システムの活用

　仕事柄、企業経営者とお話しをさせていただく機会が多いですが、月並みですが、中小企業においては日々の業務に追われて、環境リスクについては放置されている組織が多いです。

　つまり、社内に自らの製品や業務活動に関係する環境法規制等を把握している専門部署もないため、ロスコントロール及び環境リスクマネジメントが十分でない組織が数多く存在することに気づかされます。

　例えば、
◆法律違反でないが日照権の問題から住民訴訟が起きて建設中の高層マンションの高層階が施工差し押さえになった
◆橋梁工事で水質汚濁が生じる恐れがあると漁業団体が発注元にクレームをつけ、施工業者責任で多大な追加架設工事が生じたといったような環境に関する企業のトラブル事例が数多くあります。

　いずれのケースも組織としては、
「関連当局に対して必要な届出や関連法規制基準は遵守している」と言う認識です。

しかし、今の時代は、基準や規制を遵守していても、利害関係者をはじめ、社会から「環境に配慮が足りない」とのレッテルを貼られ企業イメージを損なったり、予想外の対策費用が生じると言う結果を引き起こす可能性があるのです。

　けれども、日常の業務に追われる中小企業においては、自らの業務で生じる可能性のある環境リスクに気づかない、または気がついていてもそれらの環境リスクを最小限にとどめる対応計画や運用管理が十分にマネジメントされているとは言い難い現状があります。

　つまり、これからの組織運営は自らの会社が業務活動を行う上で生じる顕在的/または潜在的な環境リスクを評価し、その上で自らの活動に対する環境影響を認識し、問題を引き起こさないようロスコントロール・マネジメントすることが重要な時代なのです。

　要は、言い尽くされた言い方ですが、
「組織の顧客やエンドユーザー、地域社会や住民、従業員、株主などの利害関係者の人々に対して、安心して仕事が依頼でき、安心して購入でき、安心して一緒に住めて、安心して働けて、安心して投資ができ、経営者を始め従業員が一丸となって環境に対して認識し、配慮し、常に努力しつづけている会社であるとわかってもらえなければ企業活動が成り立たない」
と今の時代はいえるのです。

　それでは、こう言ったことを管理するにはどうすればよいか？

　管理手段としては、「環境マネジメントシステムを構築して、継続的な改善を図る」が最適な方法でしょう。

　環境マネジメントシステムとしては、マネジメントシステムの国際規格である「ISO14001」や環境省が策定する環境経営システ

ムのガイドラインである「エコアクション21」などがあります。

これらのマネジメントシステムを活用することで、経営上関係する法規制が整理でき、環境リスクや事業上の機会に気づき、目標管理をはじめ、業務運営上の管理手順も整備できます。

また、認証審査を受審することで、内部チェックでは気づかなかった環境リスクに気づくこともできるでしょう。

その72
環境経営マネジメントシステムの管理すべき範囲

最近の企業の常識として「環境を無視した経営はできない」時代です。

世間一般にわかりやすい「組織が取り組む環境への取組内容」は、節電やエコ運転、廃棄物の削減やリサイクル率の向上、あるいは、環境団体や環境政策へ寄付や植樹活動といった社会貢献でしょう。

ただ、「組織が取り組む環境対策」ですから、例えば「こまめに電気を切ります」的な、単純な節電や「できるだけ裏紙を使います」、「資料をプリントアウトするのではなくできるだけプロジェクターに投影して紙の使用量を減らします」的な取組は、組織が「環境経営をする」と宣言すれば、1〜2年で周知徹底されるでしょう。

今の時代は、節電や燃料の削減、ごみの削減といった取り組みも、こうした「節約しましょう」的な取組みではなく「業務改善や改革」レベルで取り組むケースがメインになってきました。

廃棄物の削減であれば、材料を加工する際に発生する端材を減らすために、設計や生産プロセスを見直した取組や単純に埋め立て処分にする廃棄物の処理方法から、リサイクルできる業者の開拓などです。

また、「節約レベルの取組」は、製造メーカーであれば、出荷するまでの自社のエネルギー削減だけですが、「製品自体が使われる段階や廃棄する段階での環境負荷削減」に対する取り組みまで考慮すれば、社会全体で環境負荷を削減する取り組みになります。

　少し前に、ある会社に訪問して、緊急事態への取り組みをお聞きすると、敷地内の業務や設備由来の事故や災害といったことを想定し、対応手順を定め、しっかりと訓練を実施していました。

　しかし、その組織は、敷地外の彼らが責任を有する緊急事態は、あまり特定されていませんでした。

　例えば、顧客に引き渡し前の製品や半製品の運搬は協力会社に発注しています。

　また、製品のテストは、敷地外の施設で実施しています。

　廃棄物の収集運搬、処分についても、専門業者に委託していますが、作業が完了して、排出業者がマニフェストでその処理を確認するまでは、排出者の責任です。

　しかし、そういったプロセスで生じる緊急事態は、特定されていませんでした。

　ラジオで、道路公団の交通情報が流れていました。

　聞き流していたので、うろ覚えですが、毒劇物指定のホルムアルデヒドを積載したタンクローリーが横転したというニュースでした。

　このタンクローリー輸送会社はもちろんですが、タンクローリー輸送を発注した会社を含めて、「環境上の緊急事態として想定」していたのかな、と思いました。

　「環境経営」＝「エネルギー使用量や廃棄物排出量削減や法令順守」だけでなく、考慮すべき守備範囲は、製品特性や業務特性に応じて、相当広い（どのレベルで管理するかどうかは別にして）

ということを認識しておかなければ、片手落ちの環境マネジメントシステムになってしまうことを認識する必要が、環境経営に取り組む組織にはあるのです。

その73
内部監査において「観察事項」はどう対処するべきか

マネジメントシステム監査の世界では、監査をした結果を、「適合」「不適合」「観察事項」という区分に分けています。

一般的には、これらの区分は、以下のように定義されていると思います。

◇適合：要求事項を満たしていること
◇不適合：要求事項を満たしていないこと
◇観察事項：
　１）現状では不適合ではないが、放置しておくと不適合となる可能性のあるもの
　２）不適合ではないが、更によい効果をあげるための提案（改善の機会）
　３）特筆すべき良い点で、水平展開が期待できるもの

これも一般的ですが、監査証拠が適合であると判断した証拠は、内部監査などは、チェックリスト等に残すのみですが、認証審査では、報告書にも記載しているケースが多いです。

つまり、監査依頼者に報告される事項は、内部監査の場合は、不適合と観察事項は具体的な内容が報告されますが、内部監査の場合は、実質報告されず、認証監査の場合は、適合の証拠もある程度、報告されます。

これは、よく考えれば当たり前で、内部監査の場合は、経営者が自社のマネジメントシステムを自社で選定した内部監査員に調

査させるのですから、不適合や観察事項を明確に報告すれば、監査の目的は内部的にはほぼ満たします。しかし、認証審査の場合は、監査した結果を、直接監査した監査員を含まない監査員や有識者などで構成された判定会議等で監査の適合性をチェックするから、適合と判断した証拠もある程度の情報量が必要になるからです。

　監査をした人間の立場から言えば、適合の証拠に関しては「監査員を信じてほしい」といいたいですが、認証機関は、組織形態は「民間組織」とはいえ、世間に「あの組織はマネジメントシステム規格に適合した組織運営をしていましたよ」と公表する立場であるから仕方がありません。

　仮に、組織不祥事が起きた時など、その不祥事を発生させた組織のマネジメントシステム監査を担当していれば、世間さまから「どんな審査をしてOKと判断してきたんだ」と突っ込まれること必至だから、マネジメントシステム審査は「製品保証の審査ではなくシステムの審査だ」と言っても、システムが適合していた証拠を外部に示せなかったら、マネジメントシステム審査の信頼性が揺らぐことになってしまうでしょう。

　さて、冒頭の「指摘区分」に話を戻すと、「不適合」と判定された事象は、是正処置を実施することが必須ですが、観察事項は、被監査部門の自由裁量とされていることが一般的です。

　「観察事項」の取り扱いについて、認証審査の場合は、「被監査側の自由裁量」とすることは当然です。なぜなら、不適合と判断しなかった「観察事項」について、是正処置の強制力を持たせたら、認証審査としての客観性が薄くなってしまいます。

　ただ、監査員教育の講習会講師をしていて、よく質問を受けるのは、「内部監査や取引先による第2者監査でも観察事項は自由裁

量でいいのか」とか「そもそも観察事項はすべて対処してもらうべきものではないか」といった点です。

確かに、この質問は、おっしゃる通りだと思う面もあります。

第2者監査の場合は、調達先に対して実施する監査ですから、発注者が「監査基準上は不適合ではないが、観察事項についてもなんらかの手を打ってほしい」と要求することは当然で、自由裁量にしたら、何も手を付けない恐れがあります。また、内部監査の場合も同様で「指摘したなら是正までを求めなくても対応するのが当然」と考えるのもわかります。

しかし、私の個人的意見としては、現実的に、内部監査の場合は、日常の立場としては、内部監査員が他部署の管理職に対して検出した観察事項の対応を求めることは難しいだろうし、内部監査員にそこまでの権限は持たされていないでしょう。

つまり、内部監査の場合も、観察事項は被監査部門の自由裁量として指摘し、依頼者（経営者や監査責任者）に報告すればよいと私は思います。

したがって、内部監査員が指摘した観察事項に対して、「組織として対応を打つべき」と判断する必要性は、監査依頼者が判断すればいいと思います。

その74
「決められたことが適切か」という観点での内部監査

組織のマネジメントシステムについて「内部監査」を実施する場合、よく誤解があるのが、「決められたことが適切に実施されているか」という観点でのチェックするのが「内部監査」であると考えることです。

もちろん、間違いではないですが、それだけでは、真の目的は

果たせません。

　要は、

「決められたことが適切に実施されているか」

　という観点に加えて、

「決めたことが（現時点でも）適切か」

　という観点でチェックすることが重要なのです。

　例えば、製造や施工現場で、

「始業前に、チェックリストに基づいて安全パトロールを実施する」

　というルールがあった場合、「決められたことが適切に実施されているか」という観点のみの内部監査では、

◇規定された人（パトロール実施者）

◇規定された時間（始業前）

◇チェックリストの項目確認

　といった点が適切に実施されているかどうかを見るだけになります。

　もちろん、「決められたルールが現場で理解されておらず実施が不十分」な場合は、この観点での内部監査は重要です。

　しかし「効果的か否か」を確認したい場合は、この観点のみでの内部監査ではほとんど意味がありません。つまり「決められことが適切か」という観点でのチェックが必要です。

　日常生活に当てはめれば、生活習慣が変化して、スポーツをするようになった場合は、食事のレシピも塩分多めとか鉄分多めの食事にするというように「今までの食事のレシピの適切性が失われ見直しが必要」になるケースはあるでしょう。

　前記した安全パトロールの例でいえば、

◇規定されたパトロール実施者の力量は適切か

◇規定されたパトロール回数や時間帯は適切か
◇規定されたチェック項目は適切か
◇記録様式は書きやすくチェック基準は適切か

といったような観点でのチェックです。

ISOマネジメントシステム規格が日本に浸透し始めて、すでに30年になります。

生みの苦しみで会社の明文化されていないルールを明文化してきた企業内の「第一世代」は引退し、いまや、第二世代や第三世代となって、「なぜそのようなルールを決めたのか」という根拠さえ、理解が不十分な組織もあります。

つまり、「社内ルールの成り立ちが不明なので、見直しても大丈夫なのか否かの判断がつかず放置している」という組織も多く、「実態に合わない無意味なルール」を多く抱えている組織も多いです。

わかっている人には常識的なことですが、内部監査の意味合いを振り返って、組織の業務改善に真に内部監査を役立ててほしいものです。

その75
内部外部の課題、利害関係者のニーズ・期待、リスクと機会の決定

品質マネジメントシステム規格である「ISO9001：2015年版」の大きなポイントの一つに「内部外部の課題、利害関係者のニーズ・期待、リスクと機会の決定」があります。

この決定に関わる主な要求事項は、「組織及びその状況の理解」「利害関係者のニーズ及び期待」「リスク及び機会への取組み」と「品質マネジメントシステムの適用範囲」になるでしょう。

企業や団体など「組織」には、理念や目的、使命といったもの

があります。

　一般的には、社是、経営理念、経営方針という形で明文化され、それらを念頭に、経営計画書や事業計画書として中長期目標や年度目標が設定され、具体的な取組みとして実施展開されていきます。

　したがって、「内部外部の課題、利害関係者のニーズ・期待、リスクと機会の決定」については、この組織目的を達成するためのプロセスに、うまく考慮させて仕組みを構築すればいいわけです。

　つまり、もうちょっと具体的に説明すると、

◆課題（解決しなければならない問題）
　→内部課題：
　　人、設備、資金、情報、業務環境などに関する課題
　　（例：製品品質、生産効率、コスト、人材、安全、資金調達など）
　→外部課題：
　　国内、国外、業界、顧客、競合他社、関連法規制等に関する課題
　　（例：市場環境、為替、法規制・条例、など）

◆利害関係者
　→利害関係者の特定とその利害関係者の要求（ニーズ、期待）
　　（例：顧客、供給者、従業員、行政、株主、近隣住民など）

◆リスクと機会（目標に対する不確かさな影響：好ましくない影響、好ましい影響）
　課題と利害関係者のニーズ及び期待を理解したうえで、
・QMSが意図した成果を達成できること
・製品・サービスの適合性及び顧客満足を一貫して達成できること
・望ましくない影響を未然に防止させるか、減少させること
・改善を達成すること

に関係するリスクと機会を検討し、取り組むべきリスクと機会を決定して、目標設定し、展開していけばいいでしょう。

このような考え方で、実際にこれらを抽出してみると、営業面に関する課題が多くなりがちでしょうし、目標設定すべき項目はたくさん出てきて「どうすればいいんだ」という状態になると思いますので、ざっくりした言い方ですが

「喫緊の課題、かつ、重要なもの」

をいくつかに絞り込み、優先順位をつけて取り組むことにすればいいと思います。

さて、「内部外部の課題、利害関係者のニーズ・期待、リスクと機会の決定」について、大事なのは、「組織経営全体」でまずは捉えることです。

例えば、品質マネジメントシステムの適用範囲や認証範囲が、現状は「主力製品」に限っていた場合でも、主力製品以外の製品やサービスがあれば、それらも含めて、「内部外部の課題、利害関係者のニーズ・期待」を探り、取り組むべきリスクと機会の決定をするべきです。

現在主力製品ではなくても、今後成長を期待する製品や利害関係者のニーズ、期待が極めて大きくシビアな製品は、「組織及び状況の理解」をすることで「マネジメントシステムの対象にすべきか否か」が決まってくるのです。

要は、「適用範囲」は、こうしたプロセスを経て、決定されるのです。

しかし、組織も、組織審査を担当する認証機関の審査員も「スタートラインが現在の適用範囲」からで「組織の事業全体（今後計画されている事業計画を含む）からスタート」することが少ないのが現状です。

したがって、「内部外部の課題、利害関係者のニーズ・期待、リスクと機会の決定」をしていく上での出発点は「あくまでも組織の経営そのもの」からという認識を持つことが重要でしょう。

その76
組織固有の技術的知識

　品質マネジメントシステムの国際規格の最新版（ISO9001:2015年版）では、要求事項に「組織の知識」が新たに加わりました。

　この要求事項が含められた意図は、規格の説明会では、「組織の固有技術の伝承や更新に問題があり、それが原因で重要な技術的な知識が不足した結果、品質上の問題が発生しているケースが少なくない」

　ことから、組織は、「固有技術」と位置付けた知識を品質マネジメントシステムの中で確実に管理してください、と説明されています。

　概念的イメージとしては、確かに、業務がきちんと標準化されておらず、〇〇さんの経験と勘で運用されている××工程、というものがあれば、〇〇さんが突如退職してしまうと品質上の問題が発生する以前に仕事がうまく回らないでしょう。

　また、品質上のトラブル発生回数も増加し、工程以上に対する対応措置にも遅れが生じるということは、自分の組織を思い浮かべれば、誰でも「確かにそういうことはあり得るよなぁ」と想像できるでしょう。

　ただ、この要求事項の難しいのは、管理すべき「組織の知識」がどのあたりまでの範囲を指すのか？　です。

　規格的には、「プロセスの運用と製品・サービスの適合のために必要な知識」となりますが、この「組織固有のもので経験から

得られるもの」をどうとらえていくかは、難しいかもしれません。
　抽象的には、
◆業種固有の専門的な知識
◆業務を通じて得られた成功や失敗事例
◆各個人が保有する固有の技術的ポイント（工夫しているところやコツ）
という感じでしょう。

　これらは、社内基準や標準として文書化されているケースは少なく、逆に言えば、基準や標準にしにくいから、経験則になっていて「属人的に業務が管理」され、文書化されているとしても「成功、失敗事例集」として「技術資料」となっているぐらいのレベルでしょう。

　私の経験では、うまく仕事が回っているときは、これらの知識は、なんとなく受け継がれ、情報共有されると思いますが、
◇その知識を使用する業務頻度が少ない場合
◇その知識を駆使できる世代がごそっと退職した場合

　は、「その知識の受け継ぎ方」をしっかり管理しておかなければ、規格がいうように品質上の問題は、組織も気づかないうちにいつか発生するでしょう。

　イメージ的には、
・あるプロジェクトが終わった後の反省会の場で議論された様な知識
・朝礼で情報共有され周知されているような知識

　は、その場にいた人にとっては「常識」と化している知識でも、新たに組織に加わった人にとっては「社内規定にも書いてないし、初期の業務研修でも教えてもらっていません」ということは起こり得るでしょう。

組織としては、こうした「組織固有の知識を特定」することから始め、現状、その知識が「どのように受け継がれているのか」を明確にすることからやらないといけません。

　おそらく、「組織の知識の管理方法」を見直すきっかけになるでしょう。

　話は逸れますが、日常生活でも、自治会の運営や地域のお祭り、行事、イベントといったことは、多くが「属人的な管理」がされていて、今まではなんとなく受け継がれてきたけど、少子化や担い手不足でうまく伝承がされず支障が出て、運営自体が消滅する、といったことも社会問題としてどんどん発生していく時代かもしれないですね。

おわりに

「ISOの復権に必要な戦略的ロビー活動」

本書では、「ISOマネジメントシステムを効果的に活用できていない組織事例」を挙げ、その原因と対策を考え、さらにISO認定認証制度に関する誤解や疑問についても解説や議論を深める提案をしました。つまり「ISO復権へのアプローチ」について、ISOマネジメントシステムを導入する組織、認定認証審査を担う認定機関、認証機関の側面から挑戦しました。

ただ、これまでの歴史を振り返れば、ある仕組みを社会制度として普及するためには、「社会制度設計側への働き掛けが必要」であることは否めません。

ISO業界関係者が集まるあるシンポジウムで「ISOマネジメントシステム認証を社会の中で能力証明としてより活用されるためには何が必要か？」という質問を、学者を中心とした有識者にしたことがあります。すると「認証審査の質を高めること」という答えが返ってきました。もちろん「審査の質を高める」ことは「ISOの復権」のための一要素には違いないでしょう。しかし、国や自治体の各種認定制度や許認可、届出制度等において、ISOを組織の能力証明として活用していただくためには、ISOに関わる関係者が戦略的に制度設計サイドに対して、ISOマネジメントシステムの有意性を説き、ロビー活動を展開していくことも重要であることは間違いありません。私見ですが、国内におけるISOマネジメントシステム活用の普及促進に対するこうしたISO業界の戦略的な取組みは遅れていると思います。

「組織が成功することは働く人のモチベーションを高める」

さまざまな分野のコンサルタントの集まりで雑談をしていた時のことです。

その時に、普段の会話で何気なく使っている**「システム構築」**と言う言葉の意味が、ITシステム開発のコンサルタントと、我々マネジメントシステムコンサルタントでは若干違っている事がわかりました。

システム構築とは、言い換えれば「仕組みの作成」です。

ITの場合は、既存のソフトを使用してシステムを作成する場合、「こんなITシステムがあれば在庫管理や入金状況がひと目で分かって業務が上手く行くのに……」と言う顧客のイメージに基づきソフトウェアをカスタマイズしてシステムを構築するそうです。

マネジメントシステムを構築する場合は、現状業務整理して出発点にすることもありますが、「こういう仕事をしたいがどんな業務手順を作ったらいいのだろう」という組織の課題に対して組織の目的に合った業務ルールを提案してシステムを構築します。

マネジメントシステムの場合、この作業についてISO規格をよりどころとして用いる事があります。これは、**「ISO規格」はITでいえば「既存のソフト」**に相当するのではないかと思います。

ITシステムやマネジメントシステムという「システム構築」に共通しているのは、組織が「ITを使用していない」「これから新たな業務を始めるがルールがない」と言う場合は「単にシステム導入」しても全く機能しないということです。

既存ソフトもISO規格も「どのようにしたいのか」と言うイメージを組織が持っていないと、システム自体は単に「道具」ですから効率的な業務を期待することはできません。もしかしたらその前に組織とシステム構築を提案するコンサルタントで「効率的な業務」と言う定義も異なるかもしれません。

「目指すべき組織の経営方針やあるべき姿の業務」がなければ、マネジメントシステムやITシステムを導入しても効率化の道具として使えず、経営は成り立たないと言っても過言ではないでしょう。

ISOマネジメントシステムを導入するきっかけは「顧客要求があったから」「他社も導入しているから」などさまざまかもしれませんが、その場しのぎの安易な導入は、長期的にはかえって組織の競争力を低下させてしまうと思います。

話題は逸れますが『大改造!! 劇的ビフォーアフター』というテレビ番組がかつてありました。この番組ではその道の「匠」が登場して、住宅リフォームすることで家族の心の中まで素敵に変身させてしまいます。

ISOマネジメントシステムについても組織の目的に合った再構築を行うことで、組織が成功することはもちろん、組織で働く人の意欲やモチベーションを高めることができると確信しています。

有賀 正彦（ありが まさひこ）

経営コンサルタント
1968年生まれ、1993年東海大学大学院修了（工学修士）。
高圧ガス保安協会、日本能率協会コンサルティング、Det Norske Veritas（現 DNV GL）等を経て、2004年にロジカル・コミュニケーションを設立し独立。
コンサルティング、マネジメントシステム監査は1000社を超え、製造業、サービス業の業務改善指導、FCチェーンの管理職教育を多数手がけている。
専門分野は、業務改善、経営戦略、リスクマネジメント、不祥事分析、品質保証、マネジメントシステム監査、ロジカルシンキング。
主な著書に『不祥事を止めるISO思考』（光文社）、『仕組みが無くてダメな会社仕組みがあってもダメな会社』（日刊工業新聞社）、『ちょロジ〜ニュースから学ぶ7つの思考法〜』（パブラボ）など。
e-mail：info@logcom.jp

ＩＳＯの復権
マネジメントシステム認証制度が社会的価値を持つために必要なこと

2019年8月5日　初版第1刷発行

著　者　有賀正彦
発行所　ブイツーソリューション
　　　　〒466-0848 名古屋市昭和区長戸町4-40
　　　　TEL：052-799-7391 ／ FAX：052-799-7984
発売元　星雲社
　　　　〒112-0005 東京都文京区水道1-3-30
　　　　TEL：03-3868-3275 ／ FAX：03-3868-6588
印刷所　富士リプロ

万一、落丁乱丁のある場合は送料当社負担でお取替えいたします。
ブイツーソリューション宛にお送りください。
© Masahiko Ariga 2019 Printed in Japan
ISBN978-4-434-26285-2